キウィおこぼれ留学記

小 林 聡 美

幻冬舎文庫

キウイおこぼれ留学記

目次

夢かなう

憧れの留学。

そう、ワタシは高校を卒業してから、ジミながらも仕事一本でやってきた。そして、仕事が一段落して休みに入るたびに、

「海外でしばらく暮らすわ……」

と岸惠子さま気分が高まったものである。しかし実際には、ちまちまとたいしたことない理由で決断までいかず、そのチャンスを何度も見送ってきていた。そして気が付けば四十まであとひと息（……ふた息とちょっと？）。おまけに結婚もしてしまったし、猫もいるし、おそろしく手間のかかるデカ犬までかかえた暮らしぶりである。こんなんじゃ身動きもとれない。

しかしワタシはなかなかポジティブな人間なので、今の暮らしは、すべてなんとな

くでも自分で選択してきた結果だと思って、ちっとも後悔はしていないし、むしろ、ワタシの力をすべて出しきって今の暮らしができていると納得しているくらいである。

だが、「もし」ということがあるとすれば、ここだけの話、雅子さまみたいに外国で勉強して、外国で仕事してみたかったなー、とこっそり思う（センエツー、モウレツー）。そして、たぶん、獣医さんとかガーディナーとかになって、そのうち、じょんとらぼるた似の青年（建築士）と出会って、大恋愛の末結婚とかしちゃって、田舎で暮らすのね。って、ちょっとー、こっちの暮らしもいいわー。いやいや、そんなことをしていたら今の暮らしはないわけで。

そんな、謙虚にも留学という夢をあきらめて暮らしていたある日、

「コバヤシさん、留学してみませんか」

と幻冬舎の菊地さんからのお誘いが。

「なぬーっ！」

長生きはしてみるもんである。まさか、猫もいて、犬もいて、オットもいる自分にそんなことができるわけがないと、考えもしなかった（うそ）マイドリーム。どうやら目の前には赤い絨毯《じゅうたん》が敷かれ、あとはその上を歩くかどうか決めればいいだけの話

のようだ。しかし、菊地さんは恐るべき幻冬舎のニンゲン。これは、何かあるに違いない。

「留学先は英語圏。イギリスとかカナダ、アメリカ、オーストラリア、ニュージーランドってとこですかねー。どうでしょう」

丸い目をくるくるさせて、彼女は淡々と話を進める。

「え、そんなに選択肢アリ？　よりどりみどり？　いいの？　いいのか？」

何かあるとわかっていながら、ついつい話に乗ってしまう悲しいワタシ。それはそうと、やはり留学となると、女優の仕事はしばらく休業しなければならないだろう。それからオットがわかるようにゴミ出しの曜日を書き出して貼っておかなければ。そろそろ猫の予防接種だし、乾燥機のフィルターの交換の仕方も教えなくてはならない。これはいろいろ結構大変なことになりそうだ。ブツブツブツブツ……。

「大丈夫です。学校は一週間。そのあと遊びでちょっと遠出して、全部で十日間。で、それを本にしまショーっ」

ショーって。やっぱりなっ。これは仕事なのだなっ。そして相当みじかっ。しかし、ここで欲張ってはいけない。体験できるだけでも楽しいではないか。こうなったら、その十日間を『お試し留学』ということにして、これからの参考にさせていただこう（まだこれからも行く気マンマン）とココロは決まった。それに十日間だったら、オットも動物たちとなんとかやっていけるだろう。ゴミを捨て忘れても死にはしない。

「それで、泊まるところはどうします、コバヤシさん。ホームステイはやっぱり疲れるからイヤですよねー」

と菊地さん。

「え。ホームステイ？」

ワタシの目が輝いた。ホームステイといえば、ワタシが高校生の頃、なぜかホームステイが流行《はや》っていて、夏休みのひと月をアメリカやカナダで過ごし、ちょっと半端なガイジン気取りで帰ってくる友人たちを、とてもうらやましく思ったのを覚えている。その頃のワタシは夏休みというと、仕事が入ったりして、ホームステイなんてインポッシブルドリームであった。

「ホームステイ、いいじゃないですか」

「え、いいんですか。ホームステイで」

「いいんですかって、いいじゃないですかホームステイ。決定。ホームにステイします」

　とワタシは言いきった。

「……ホントにいいんですかぁ」

　菊地さんはなんか嫌そうである。

　でも、たったの一週間だし、今まで仕事ですごいところ（お湯なし電気なし、バナナの葉ハウス、前に泊まったヒトのカラダのくぼみが残っているベッド等。※注みな外国）に何度も泊まったことがあるし、それに比べたら、屋根があって、清潔なベッドがあって、ゴハンが食べられて、シャワーを浴びることができて、何がツラいというのだ。そこがたまたまガイジンの家というだけだ。全然平気。というより、ガイジンの家に泊まりたいのだ。頼む。および腰の菊地さんを説き伏せて、それぞれ別のお宅でホームステイすることがトントン（無理やり）と決定。

　そして、問題の渡航先だが、今まで行ったことがない国、という基準で、ニュージーランドはどうかということになった。桜が満開の日本の三月の終わり、向こうでは夏の終わりらしい。これから本格的な暖かさを迎える東京と、涼しくなるニュージーランド。気候的なギャップはあまりなさそうである。いいじゃないの、ニュージーランド。どんな国だかよく知らないけど、なんか羊がいっぱいいるんでしょ。行きましょ行きましょ、ニュージーランド。

やっとワタシは憧れの留学生になるのだ。

旅立ちの羊羹《ようかん》問題

東京は三月下旬だというのにすでに満開の桜。ニュージーランドから帰ってくる頃には、もうみんな散ってしまっているのかと思うと、ちょっと悔しい気持だったが、満開の桜に見送られて出発するのもなかなか悪くない気分であった。

成田空港に到着したのは午後三時前。出発までかなり時間があるので、スーツケースを一時預かり所に預けて、余裕で願かけのカレーライスを食べることに。このカレーライス話はいたるところでしているので、割愛させてもらう（そんなに有名な話でもないのだが）。知りたいヒトには今度個人的にお話しさせていただきます。

今回のコーディネイト全般をお願いしている『ウィッシュ・インターナショナル』のコリツネ氏がその店に現れたのは、ワタシのカレーライスが到着したのと同時であった。

「いやー、すみません。道が混《こ》んでて」

いまどきのアニメの登場人物のような顔立ちのコリツネ氏は、今回の旅のメンツでダントツにお若い二十代後半の青年。とはいえ、ニュージーランドに五年間住んでいたことがあり、もう、頭の中にニュージーランドのこまごまとした地図が刻み込まれているようなお方である。今回、滞在都市をクライストチャーチに決めたのも、ニュージーランド通のコリツネ氏のモーレツなプッシュがあったからだ。カレーをバクつくワタシたちを横目にアイスコーヒーを注文するコリツネ氏、さすが旅慣れているらしく、荷物は小さなトロリーバッグと、ショルダーバッグだけである。ゆっくりカレーを食べて、コーヒーを飲んでも、まだたっぷり時間があったが、我々は余裕を持ってチェックインすることにして、その店を出た。

いつもはデスクワークで、添乗は初めてだという、ちょっと緊張気味のコリツネ氏に搭乗の手続きをみんなでおまかせし、それもすんなり終わると、ワタシは、家を出てくる時になぐり書きした『空港で買いましょう』リストを取り出した。ニュージーランド仕様のプラグ、学校で使うノート、などがそのメモに書かれていた。普段し慣れないのですっかり忘れてしまった腕時計も買わなくてはならない。みんななんとなくゾロゾロと付き合ってくれる。それらの買い物を終えると、ちょうど目の前に『とらや』が。海外へのお土産を意識してか、大きさも手頃で、品揃えもシンプル。ワタシは初めて滞在するガイジン宅に、自分の大好物の羊羹を手土産にすることにした。もし、ホストファミリーが羊羹嫌いだったら、自分の「おめざ」にしちゃえばいいんだし。菊地さんも、

「あ、羊羹。アタシも買おう。お土産にいいですよねー」

と乗り気だ。すると、背後から、

「羊羹はもしかしたらヤバイかもしれませんよ」

という声が。振り返ると、真剣な眼差《まなざ》しでコリツネ氏が立っていた。

「ヤバイって。なにがヤバイんですか」

大好物の羊羹に因縁をつけられて、ワタシの瞳も三白眼だ。

「いいですか、羊羹という字には『羊』という字が含まれているじゃないですか。これは、入国する時にうまく説明しないと没収される恐れがありますね。羊羹の中に羊の何らかのエキスが入ってるんじゃないか、と疑われることがあるということです」

「んなバカなー」

ニュージーランドといえば羊。羊といえばニュージーランド。まあ、これは羊という字には違いないが、だからといって羊のエキスってことはないだろが。

「いや、でも僕の知り合いに、税関でいろいろ質問されて結局没収されたヒトがいます」

確かに、怪しげな竹の皮模様の包みに、黒くて硬いゼリー状の食べ物は、初めて見るニンゲンには、驚異の食べ物かもしれない。このゼリー状のが羊のエキスかっ！と。

「でも、そんなの、『羊羹あります』って申告しなきゃいいんでしょ」

とワタシは声をひそめて密輸の態勢万全である。

「ま、それはそうですけどね……じゃ、僕もこの『夜の梅』三本」

って、アンタも買うのかっ！　それも三本も！

それぞれ思い思いの羊羹を購入すると、おのぼりさんみたいにそろいの紙袋である。『とらや』の紙袋はカッコイイ。ワタシは結構好きである。輝かしい『とらや』の紙袋を小脇に、我々は飛行機の待つゲートに向かったのだった。

機内にて。with スパルタアテンダント

離陸は午後七時。

ブルーのユニフォームをまとったニュージーランド航空のフライトアテンダントは皆高齢だ。といっても、日本のアテンダントさんが皆お若すぎるわけで、むしろ、このくらい高齢だと、妙な安心感を覚える。

それにしても寒い。どうして外国の飛行機はここまで冷やすのか。いったいどこまで冷やせば満足なサービスなのか。もう、サービス充分。ありがとう。

離陸してシートベルト着用のサインが消えたので、真っ先に荷物棚の中の毛布を取ろうと立ち上がって必死に伸びていたら、長身の金髪アテンダントさんに、

「こら、そこ。席についてなさいっ」

と、まるで子供を叱るように怒られた。確かに気流はあまりよくなかったが、それ

にしたって結構キッツくて、怯《おび》えた。怖いよー。あんなに露骨に叱られたのは久し振りだったので、ちょっと落ち込んだが、その長身金髪アテンダントさんは毛布をヒョイと棚から取り出すと、優しい笑顔で渡してくれた。怖いのか親切なのかいったいどっちなのか。

飛行機の中では、ニュージーランドのガイドブックよりも、英語の勉強本（『ビッグ・ファット・キャットの世界一簡単な英語の本』恐怖の幻冬舎刊）を読むことにした。そもそも、今回の旅の行き先は、正直言ってどこでもよかったのだ。とにかくガイジン宅に滞在して英語の学校へ行く、というのがポイント。この年で語学学校に通うことやホームステイすることに、気後れや不安などは、まったくなかった。だって、話せないから学校に行くわけだし、そういう話せないコが来るとわかっていて泊めてくれるわけだから、わかりやすい話ではないか。ただ、やっぱり、泊めてくれる家のヒトたちが、ビートルジュースみたいにノリノリで血の気《け》が多く、なんか失敗したらドッカーンとぶち切れるような人たちだったら怖いよなー、とかその程度の心配（かなり高い程度だが）。それになんといっても滞在が短い。ワタシたちが学校に通う週には、なんでもイースターホリデーという祝日があるため、一週間のプログラムがたったの四日間に短縮されてしまっているらしい。やる気マンマンなのに、たったの四日。そんなの、ちょっと行ってぴっとやってちょろちょろっとしたら、あっという間に終わってしまいそうだ。

「んー。やっぱり短い」

とブツブツ言いつつ、暗くなった機内でペリエをごくごく飲みながら、『ビッグ・ファット・キャット』を読んでいると、

「ディナー？」

と先ほどの長身金髪アテンダントが、厳しさの中にも優しい微笑をたたえて（めっちゃ複雑）メニューを持ってきた。洋食のほかに和食があったので、和食を注文すると、

「ソーリー」

と首を振った。まだ、まわりの誰にも何も運ばれていないところを見ると、この便には初めから和食を載せていない様子。だったら聞きなさんな！　と思ったが逆切れされると怖いので、おとなしく洋食をいただく。チキンのケイジャン風とかいうやつ。そんなに美味《おい》しくもなかったし、不味《まず》くもなかった。

ゴハンを食べ終わると、映画の時間だが、面白そうなものもなかったので、眠ることにした。

　どのくらい眠ったのだろうか。時計を見ると三時間ほどの睡眠だった。機内も暗くなっていて、ところどころの席でビデオを観ているらしいあかりが。窓を開けてみると当たり前だがすっかり夜で、驚いたことに、ワタシの目の高さに星が無数に輝いていた。よくこらすと、目の高さなんてもんじゃなく、上にも下にもそれはそれはたくさんの星が。飛行機が進んでいる感じもしないし、星たちも動かないし、なんだか暗くて丸くて大きいボールの中にふわふわ浮いているような、不思議な感覚だった。そして、これはみんなワタシの住む日本からは見えない角度にある星なんだわねー、と思うと、なんだか得した気分になって、また眠るのが勿体《もったい》なくなってしまったのだった。

　だが、気が付くとしっかり眠っていた。

　窓の外はすでに明るく、あの星たちもすっかり消えてしまっていた。

　厳しさの中にも、疲労と温かさをたたえた笑顔で（これまためっちゃ複雑）、おなじみの長身金髪アテンダントがアッツアツのお絞りをくれた。朝ゴハンはスクランブルエッグ。ガッチガチに火の通った固まったやつだった。

　朝ゴハンが終わってしばらくすると、いよいよ着陸体勢に。ワタシは誰よりも先に座席の背もたれを元の位置に戻し、お使いになったテーブルを元の位置に戻し、シートベルトを腰の低い位置でしっかり締め、荷物も前の座席の下にしまい万全の態勢である。酸素マスクが下りてきたってまず自分に装着してから子供につけてあげるくらいの余裕だ。もう、あの厳しさの中にいろいろな感情を含んだ長身金髪アテンダントに、何も言わせないほどの正しい乗客の姿だった。

　機体が高度を下げるにつれてどんどん近づいてくるニュージーランド。だがその景色は、千葉県成田市とあまり違いがなかった。畑の中にたまに民家が。きっと空からでも、ものすごく羊たちが見えるんだろうなーと期待していたワタシはちょっとがっくり。羊はどこに？　しかし、どこまでも続く緑豊かな大地は、やはり豊かな自然に包まれたマイナスイオンの国なのだなー、ということを実感させる。

　上手なパイロットさんの見事なテクニックでスムーズに着陸。十一時間というフライトは、結構あっという間だった。午前八時二十分。機内のアナウンスでは気温は摂氏十七度。日本とあまり変わらない。空港にはホストファミリーが迎えに来てくれるらしい。いよいよニュージーランドでの暮らしが始まるのだ。わーい。
さようなら、怖いけど優しいかもしれないアテンダントさん。忘れ物はありません。

千葉県成田市？

ファミリーと対面
チワワになってインコ震い

羊羹の密輸は大成功。

そして、お土産にいいですねー、とあんなに盛り上がっていた菊地さんは、飛行機の中に羊羹を忘れてきたという。やる気ナシ。羊羹疑惑を投げかけたコリツネ氏といえば、わざわざ申告アリのカウンターに行って熱心に羊羹について説明をしていたが、彼も問題なく羊羹と入国できたようだ。この正直モノ。

寒がりのワタシは、なにがなんでも寒い思いはしたくない、と革の長袖のコートに首にはスカーフという万全の態勢だったのだが、空港の出口を出ると、摂氏十七度とはいえ夏の名残《なごり》のぬるい涼しさで、ワタシのいでたちはかなり場違いであった。暑い。暑いんだよー。空港の外をウロウロしているヒトたちはTシャツに短パンにビーサンといった、相当カジュアルな服装である。

空港内のカフェテリアで『ウィッシュ・インターナショナル』クライストチャーチ支店のタナバタさんとマチダくんと合流。タナバタさんは長い黒髪に服も上から下まで真っ黒だったが、小柄でぽっちゃり型なのがキャリアウーマンのとんがった感じを和らげている。マチダくんは、浅黒く、ジャニーズ出身のようなルックスのはにかみ屋さん（死語）って感じ。おふたりともコリツネ氏とは旧知の仲だそう。また、それぞれニュージーランド生活も長いそうだが、他の外国の都市でバリバリ生活している日本人と違って、なんだかほのぼのした雰囲気である。

ホストファミリーが迎えに来る前に簡単なうちあわせ。まず、頼んでいた携帯電話のレンタル。ひとり五十五ドル（一ドル約七十円）。最近日本でも広告を見る『ｖｏｄａｆｏｎｅ』の電話機。これがまた小さい！　百円ライターが腫れたくらいの大きさ。それと一緒に大きなカードを渡される。これは携帯電話のプリペイドカードだそうだ。二十ドルと五十ドルの二種類。なんでもカードの下のほうにある銀色のところをスクラッチすると、綴《つづ》り番号が出てくると。そして、携帯電話からプリペイドセンターにかけて、アナウンスの指示にしたがってその綴り番号を入力すると、そのカードの金額の電話料金分使えるようになるというものらしい。この入力の仕方がワタシらにとっては複雑そうなので、マチダくんにしつこく食い下がり、何度もやり方を教わる。

「えっと、まず777ですね。それで？　あ、それから2の1。次が綴り番号ね……それからシャープ。で最後に」

「ちょ、ちょっと待って、2の次がなんだっけ？」

「1だって。で。最後がシャープ」

「いえ、最後はシャープじゃなくて0です」

「え。なになになに。0の前は？」

もう、みんなメモったりして必死である。何しろそれぞれ別行動である。なにかあったら携帯がライフラインになるのだ。なんとか頑張って、二十ドルのプリペイドカードの入力に成功した。二十ドルでどのくらい通話できるのかわからないが、これは国際電話もできる携帯なので、かなり便利かも。それにしても、携帯電話自体はかなり小型とみたが、ムダにでかいプリペイドカード。綴り番号のついている部分には破線が入っていてビリビリと切り離せるようになっているのだが、その上の部分がかな

でかいプリペイドカードとミニミニ携帯電話。

り余分だ。スクラッチ部分の二倍の余白がある（カラフルなイラスト付きだが）。日本だったらきっとテレフォンカード大の無駄のないものにするだろうに。この厚紙形式といい、無駄なデカさといい、ニュージーランドのノンビリした大らかな気質を予感させる、ほのぼのとしたクラフトっぽいプリペイドカードであった。

そうこうしていると、なにやら向こうから金髪のマッシュルームカットのご婦人が。

もしや、あの方がワタシのホストファミリー？

「ちょっとちょっと、あれあれ。来た来た来た」

「え、ウソ。もう？　え、どーする。どーするの」

ヒソヒソ声で語り合う菊地さんとワタシは、まるでペットショップのショウケースの中のチワワのようであった。どっちがもらわれていくのだろう。

「あ、菊地さん、いらっしゃいましたよ」

タナバタさんが立ち上がりそのご婦人を菊地さんのところにお連れした。このご婦人は菊地さんをもらっていくらしい。

「あ、どーも。ナイストゥミーちゅー」

もらわれてゆく菊地さんはぎこちなくも、可愛がってもらえるように精一杯感じよくご挨拶《あいさつ》をした。そしてふたりはとっととカフェテリアを後にしたのだった。スーツケースをガラガラ引いて後ろを振り返り振り返り小さくなっていく菊地さん。さよーならー！　頑張れよー！　辛《つら》かったらいつでも戻ってこいよー！　と今度はムスメを奉公に出す父親の気分だ。自分、チワワのくせに。

　なんだか、残されてちょっとサビシくインコ震い（インコのようにプルプル震えること。サビシい時や不安な時に使う用語）していると、また向こうからヒトを探している様子でこちらに歩いてくるご婦人が。赤みのある茶色の髪に眼鏡をかけた、白川由美似のとても品のよい初老のご婦人である。

「コバヤシさん、お待たせしました」

　そう言うと、タナバタさんはそのご婦人に手を振ってこちらでーす、と合図した。ご婦人はタナバタさんを見つけると、ニコッと笑って早足でワタシたちのテーブルにやって来た。いよいよワタシももらわれてゆくのね。ぷるぷる。

「サトミです。どうぞよろしく」

　ワタシは立ち上がって、ホストファミリーのお母さんにご挨拶をした。お母さんは握手をしようと右手を差し出したが、ここで問題が。実は、ニュージーランドに出発する一週間前、割れたグラスに気づかず右手を突っ込み、思いっきりグルリと洗ってしまい、親指の付け根をパックリ切って、二十針も縫うという事件があったのだ。大急ぎで抜糸はしてきたものの、深い傷の部分はまだ完全にくっついておらず、一本だけ糸を残してあり、「ニュジランドからかえてきたら糸ぬくよ」と担当の中国人の先生に言われて、ワタシの右手にはまだしっかりと包帯が巻かれていたのである。その包帯を見てお母さんもギョっとした様子。これだけはきちんと説明できるようにと、飛行機の中で何度も練習していた、

「ワタシは割れたグラスで親指を切りました。二十針縫いました」

というのを披露すると、

「オウっ」

と手で小さく口元を押さえ、

「アイムソーリー」

と言って差し出した右手を引っ込めた。こっちこそ、ろくなお手伝いもできないだろうに、ごめんなさいだ。しかし、実はこの右手の怪我は、至らないが日頃の家事雑事からたまには解放されなさいよ、と神様が仕向けた出来事ではないのか、と思った

りもして、ちょっとありがたかったりした。すいませーん。

　挨拶を済ませると、いよいよ『ウィッシュ』のみなさんともお別れだ。といっても、放課後は取材で出かける予定もあるので、その時はまた集合することになっているのだが。ワタシはみなさんに見送られ、お母さんの運転する車で空港を後にした。

　窓から吹き込んでくるニュージーランドの晩夏の風の匂いを嗅《か》ぎながら、助手席のワタシはちょっとインコ震いしていたのだった。

初夜・何も飲まない⁉

インコ震いしていたワタシとお母さんの乗った車は、空港から十分ほどのところにあるマーケットに到着した。そこで買い物をして帰るという。いきなりママとショッピングだ。いよいよホームステイが開始されたという現実感が漂う。

そのマーケットは車の修理工場のようなドデーンとだだっ広い建物で、野菜や果物が木枠のショウケースに山積みにされていた。右手が使えないワタシにできることはこれくらい、とカートを押してお母さんの後についた。

午前中のマーケットはのんびりした雰囲気だった。オープンエアな感じが開放的だ。

お母さんはブロッコリーやらレタスやきゅうりやら日本でもおなじみの野菜をどんどんカートに入れていく。あまり変わった野菜は見かけない。すると、ワタシの目に『Ｄｙｃｏｎ』という文字が飛び込んできた。ダイコン？　って、これはあの大根か？　見ると、日本のもののように太くもなく大きくもなく、葉っぱは切られていて、まるで白いサツマイモのような姿である。匂いを嗅いでワタシは確信した。これは大根だ。こんなところで、変わり果てた姿の大根と対面したことにシミジミして立ち尽くしていると、お母さんが、それは何なのかとワタシに質問した。ワタシが、日本の野菜だ、と言うと、食べたことがないので是非《ぜひ》食べたい、食べ方教えてねっ、と楽しそうにカートに入れた。ホストファミリーに、てんぷらとかちらし寿司を作って文化交流、という話は聞いたことあるが、大根料理というのは聞いたことがない。いったい何を作ればいいのか。ふろふきか。それとも大根おろし？　地味すぎる。それより、この右手でどう作ればいいのか。不安がよぎったが、まあ、なんとかなるだろうと、大根について思いを巡らすのはやめにした。ひととおりマーケットをまわると、カートは野菜でいっぱいだった。レジでお金を払うと、ワタシたちはふたたび車に乗った。

しばらく走ると、窓の景色は町から海に変わった。湾になっているらしく、波のない静かな海だ。天気もよろしく、太陽が水面に反射してきらきら輝いている。その海を左手に見ながら、車はどんどん住宅街の坂道を上っていった。そして、その丘の中腹辺《あた》りに、ワタシのお世話になる、二階建ての瀟洒《しょうしゃ》な白い家があった。

車から降りてスロープを抜けると、裏庭に出た。段々畑型の見事な庭で、真ん中にはりんごの木があった。それにしても、玄関らしきものがどこにもない。どうやら、裏庭に向かって開いている窓から出入りするようだ。その窓の脇のキッチンでは、すでにこの家に三カ月ホームステイしている先輩、スイス人のサンドロが立ったまま昼ゴハンを食べていた。背が高く体型は普通、面長《おもなが》で眼鏡の奥の目が大きい。お母さんに紹介されてお互い挨拶をしたが、なんだか愛想がない。サンドロはワタシの包帯を見て、どうしたのか聞いたので、

「ワタシは割れたグラスで親指を切りました。二十針縫いました」

と言うと、サンドロも、愛想がないなりにシブーい顔をしてちぢみあがった。

「サトミ、どうぞ、入って」

とお母さんに促されて、窓から侵入したワタシは、綺麗な絨毯を土足で踏みしめて、泥棒にでもなった気分だ。キッチンを通り過ぎると、ソファがL字形にあって、その奥にダイニングテーブルがあった。テーブルの向こうには大きな窓があって、海を見下ろすことができた。絶景。全体的にモノがあまりなく、すっきりと清潔な印象の部屋だった。

清く正しいホストファミリー。取り分け係はサンドロ。笑顔じゃん。

サンドロが荷物を部屋まで運んでくれた。ワタシの部屋はあまり日当たりがよくなさそうだったが、大きな窓の外には木が生い茂っていて、落ち着く感じだった。だいたい八畳くらいか。壁の色はピンク。ベッドの上にはバスタオルが二枚クルクル巻かれて綺麗に並べて置いてあり、その上には石鹸がのっていた。ちょっとしたペンション気分。全体的にラブリーな雰囲気であった。

リビングルームに戻ると、お母さんが紅茶をいれてくれていた。ワタシはさっそく羊羹を勧めてみることにした。日本人を何人も泊めたことがあるというのに、羊羹は初めてだという。サンドロは匂いを嗅いだりしていたが、首を振って手をつけなかった。愛想のないヤツだ。お母さんは、フォークで突き刺し、端っこをちょっと齧《かじ》ってみて、「美味しい」と言った。どうやら気に入ってくれたようだ。

ほどなくお父さんが帰ってきた。短パンにTシャツ姿で、どうしたことか汗まみれのドロドロ。息も荒く、鼻から吹き出しが見えるくらいにハアハアいっている。ワタシを見つけると、ニッコリ笑って汗まみれの手を差し出した。

「やあ、サトミ。ブルースです。今自転車乗ってきたのね」

爽《さわ》やかな笑顔の汗まみれのアンソニー・ホプキンスといった感じ。差し出したワタ

シの包帯を見ると、驚いてどうしたのか聞くので、例のフレーズで説明すると、

「オゥー」

と酸っぱい顔。そういえば、日本を発《た》つ前にもらった書類に、趣味は自転車と書いてあった。陽気なスポーツマンといった感じのお父さんである。

シャワーを浴びてさっぱりしたお父さんは、お母さんにお茶を用意させて、庭のテーブルで、二十年以上前に日本に来た時の写真を見せてくれた。歩行者天国の竹の子族とか、東京タワーとか、皇居とか。千葉の知り合いの家にホームステイした時の写真などもあった。当時の風俗が、ワタシにも、とても懐かしい写真だった。

そのあと、お母さんが車で簡単な街一周ツアーに連れて行ってくれたのだが、シートベルトが壊れてしまって丸腰で怖かったのと、飛行機の中であんまり眠っていないものだから気絶しそうなほど眠かったのと、くねくねの山道で吐きそうだったのとで、あまり楽しめなかった。とにかく、ものすごい陽射しだったのは覚えている。

家に戻り、気絶。

目が覚めるとすでに夕方六時半。日も傾いて、すっかり夕景。リビングに行ってみると、お母さんが晩ゴハンの支度をしていた。本当なら一緒に台所に立って手伝わな

くてはならないのに、怪我のせいでそうもできないワタシは、ソファに腰をおろすのも、なんとなく申し訳なくて気が気でない。サンドロは、テレビのニュースに夢中だ。

まもなくゴハンができ上がった。サンドロはさすが三カ月も居候《いそうろう》しているだけあって、ナイフやフォークの引き出し、テーブルマットのありかなどきっちり把握しており、さっきまでソファでだらけていたやつとは思えないほどてきぱき動きだした。ワタシもならって手伝う。

今晩の献立は、ラザニアとブロッコリー、カリフラワー、ニンジン、グリーンピースの茹《ゆ》で野菜。以上。外国の食事といったら、大盛りのてんこ盛りといったイメージだったが、意外と質素な食卓だ。皿はひとり一枚で、それぞれで取り分けていただくスタイルらしい。お父さんも二階から降りてきた。せめて自分の飲み物くらい自分で運ぼうと、グラスに水道の水を注いで席についた。ニュージーランドの水は美味しいそうだ。サンドロはオレンジジュースを用意していた。テレビを消して四人でテーブルを囲む。それにしても、お父さん、お母さんの前にはグラスがない。何も飲まないというのか。酒は飲まないにしても、水さえ飲む気配がない。そして、用意するのを忘れている様子でもなく、これが日常、といった感じだ。いいのか、それで。水問題

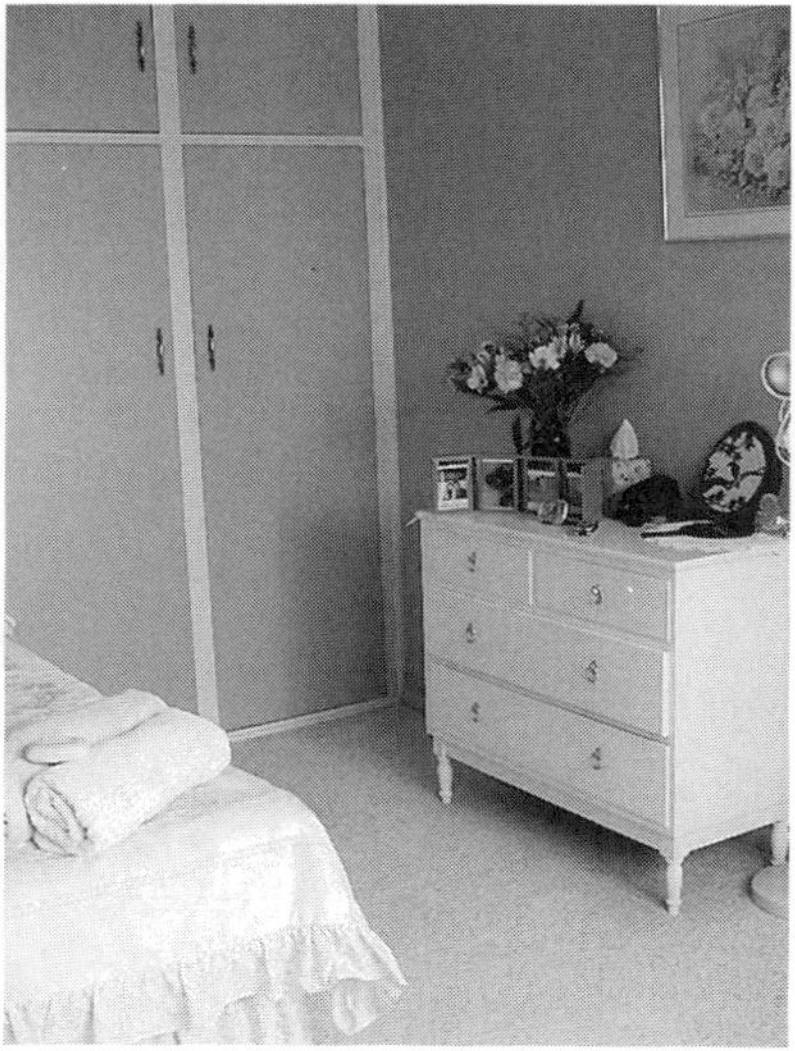

上・ラブリーなワタシの部屋。壁はピンク。
下・サンドロと共有の洗面所。緊張が走る。

が気がかりではあったが、そのまま食事に突入。陽気なお父さんが食卓を盛り上げ、初日の夜の晩餐《ばんさん》はなかなか和やかであった。ラザニアも野菜も、素朴で美味しかった。

食後はお父さんが食器洗い。それをサンドロがサポートしている。非常によいコンビネーションで、手際がよろしい。ワタシはまた為《な》す術《すべ》もなくひたすら残り物にラップをかけていた。お母さんは食後はソファでのんびりテレビを観ている。

片付けが終わると、それぞれがお茶などを自分でいれて、みんなでテレビを観たりした。一家団欒《だんらん》というやつである。この夫婦は旅が好きだそうで、ワタシが「トルコに行ってみたい」と話すと、本棚からトルコの写真集を出してくれた。彼らがトルコに旅行した時の話など聞いて盛り上がっていると、ひとりテレビに見入っているサンドロに気を遣ってか、お父さんが、

「サンドロ、キミの猫の写真をサトミに見せてやったらどうだ。サトミも猫を飼っているぞ」

と話しかけた。すると、今まで無表情だったサンドロの頬《ほお》がちょっと緩んで、「そうかぁ？」といった感じでヌボーと立ち上がり、自分の部屋から猫の写真を持ってきた。自分の猫を見せるサンドロはデレデレしていた。ワタシの猫の写真にも、目を細

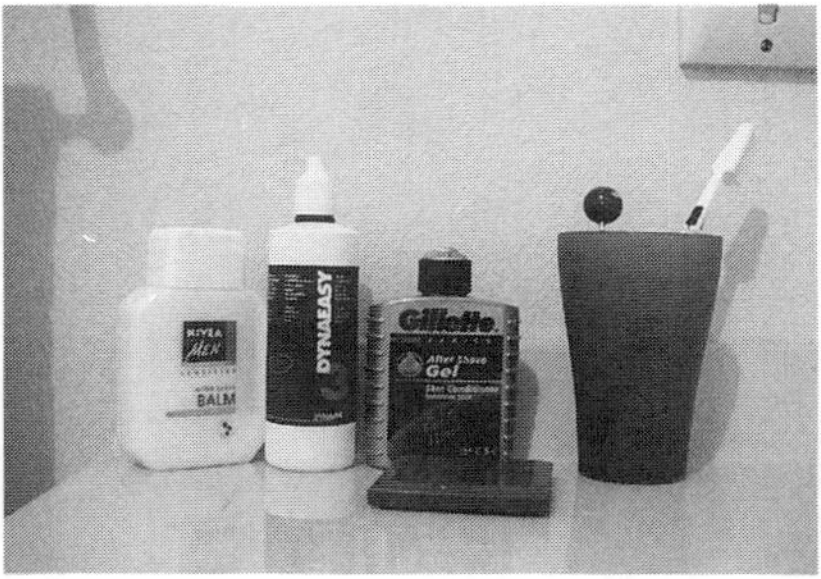

上・スイスのますらお、サンドロの洗面具。
下・写真嫌いのサンドロを激写。なぜかポーズ決まってます。

めて見入っていた。サンドロ、相当な猫好きと見た。

時計は九時。空を飛んできたワタシはかなり眠い。そろそろ寝ることに。シャワーを浴びてもいいかと聞くと、お父さんはバスルームの湯沸かしタンクをチェックしに行った。ニュージーランドでは、夜のうちに大きなタンクに湯を沸かして溜《た》めておくシステムだそうで、湯量に限りがあり、日本のようにザブザブ使えないのが普通らしい。お父さんが戻ってきて、お湯は大丈夫、ということなので、みんなにおやすみなさい、と挨拶して、早速バスルームへ。

バスルームは、サンドロと共用（当たり前だが）だった。洗面台の左がサンドロで右がワタシ。日本で見たことのない歯磨き粉やシェーブローションとかをこっそり観察する。シャワーブースとトイレだけのバスルームだが、これまたピンクで統一されてラブリー。とはいえ、男子と共用というバスルームは緊張のエリアだ。急ぎ気味でシャワーを浴びた。

さっぱりして、パジャマに着替え、明日の準備をして、ラブリーなベッドに入った。明日はいよいよ学校初日。早起きしなくちゃならない。十一時半就寝。すぐに眠った。

初授業でマックス

　六時半起床。窓の外は薄明るいといった感じ。顔を洗って着替えて、リビングへ行くと、テーブルにはテーブルマットが敷かれてすでに朝食の準備がされていた。キッチンではお母さんが立ってなにやらしていたが、

「なにを食べる？　この辺の好きなもの食べてちょうだい」

　と、カウンターの上のフルーツサラダやパン、シリアルなどを指差した。ワタシは、朝だし、みんな忙しいし、とりあえずテキパキせねば、とよく考えもせずに鳥の餌《えさ》のようなシリアルにブルーベリーヨーグルトをかけ、さらに缶詰の桃ものっけて、トーストまで焼いて食べる。ミルクティーも自分でいれた。男性のみなさんはまだ起きてこない。お母さんはフルーツサラダにヨーグルトをかけたもの。そして驚いたことにまた何も飲まない姿勢だ。朝から唾液分泌絶好調といったところか。ふたりでテーブ

ルにつく。大きな窓から朝日が差し込んでお母さんの顔面を直撃している。眩《まぶ》しそう。特に何を話すということもない、静かな食卓。ラジオから天気予報やニュースが流れている。

「七時四十五分に家を出ればちょうどいいバスが来るから」

とお母さん。バス停は庭の裏口から歩いて二分だそう。お父さんがやって来る頃にはワタシの食事も終わり、部屋に戻って学校の準備。なんだか、家族それぞれが、自分の出かける時間に合わせて起きてきて、食事したり支度したりする朝の風景というものを久々に体験して、懐かしい気分。それにしても、やはり朝から飛ばして食べすぎた。腹がチャポチャポいっている。

余裕をみて起きたつもりだったが、結構ギリギリで焦る。

「いってきまーす」

とキッチンで立ったままトーストを齧っているお父さんに挨拶して家を出る。そういえば昨日、サンドロもキッチンで立ったまま昼ゴハンを食べていた。この家の男性の食事スタイルなのか。そのサンドロはまだ起きてこない。

バス停までお母さんに連れて行ってもらう。確かに二分。バス停といっても、ポールが立っているだけの簡単なもの。この辺の住宅街から乗っていくヒトはいないらしく、ワタシとお母さんだけひと気のない路上に佇《たたず》んでいた。風が結構強くて、昨日より寒い。

バスがやって来た。お母さんに手を振って乗り込む。二ドル。レシートのようなチケットをいかつい運転手さんに渡される。バスの中は日本の朝の通学時間帯とは比べ物にならないほど空《す》いていた。なんとなくボーっとした雰囲気の車内。やはり、朝の通学時間はどの国もみんな眠いものなのだ。約二十五分後、『バス・エクスチェンジ』というその名のとおり大きなターミナルに到着。いろんなところからのバスもどんどん到着している。降りてくるのはほとんどが学生さんのようだ。さすがにアジア圏からの学生さんが多い。というか、ここはどこ？　香港か？　ソウルか？　上海《シャンハイ》か？　というくらいアジア人ばかり。みんな勉強してるんだよ。エライんだよ。

クライストチャーチの中心街には大きな広場があって、そこにある大聖堂を目指していけば、なんとなく目的地がわかる、というくらいわかりやすく、こぢんまりしたところだそうだ。ワタシは歩きながら学校までの地図を目を凝《こ》らして見てみたが、みんなの流れが一緒で、大聖堂の広場へ向かっているらしいので、とりあえずその流れにのって広場まで行ってみた。ワタシの通う学校もその広場から歩いて二分らしい。広場では、たくさんのよく太った鳩化したカモメが地面の何かをつまんでいた。まったくおとなしい。襲われる心配は皆無だ。さすがに人口が少ないもんだから、バスターミナルではギチギチに見えた人々も、広場まで来るとまたスカスカ。それぞれが三々五々散って行く。時計を見ると集合時間までかなり余裕が。ワタシは広場にあった、スターバックスに入って、景気づけのエスプレッソをギーっとかっくらった。これからいよいよ学校で勉強、オマケに今日はクラス分けの試験まであるという戦いの場に行くには、このくらいの刺激が必要なのだ。ってそんなにすごい刺激でもないが。

やっぱり広場から学校はすぐだった。すぐ脇には静かな川が流れ、憩いの公園もあるような、非常に美しい界隈にその学校はあった。赤いレンガ造りの、一見年季の入ってそうな二階建ての建物だった。実際、たぶん古い建物なのだろう。改装して、新しくした感じもある。

受付にはすでに菊地さんが到着していた。ラウンジの椅子に座り、なにやら老先生らしきヒトと楽しく会談しているようだ。菊地、余裕の英会話か？　受付のお姉さんに名前を告げると、新入生の係が来るまでテーブルで待てとのこと。

老先生が去った後の、菊地さんの隣に座った。そしてワタシたちは、昨夜《ゆうべ》の家庭の状況をお互い報告しあった。すると、驚いたことに、菊地さんの家庭でも、夫婦は食事時に水さえ飲まなかったというのである。しかも、我が家は料理上手なお母さんのようだったが、菊地さん宅はそうでもないらしいのだ。

「チキンなんてオーブンにボンって入れただけで、味ついてないんですよ」

「ソースとかないの」

「ないですよー。チキンの味のみ。野菜にも味ついてないし。塩コショウもらうのもなんか、悪い感じじゃないですか」

「そうねー。で、パンとかゴハンとかないよね」

「そうそう。低インシュリンダイエットですね、これは」

食事の味つけはともかく、両家とも、食事時に水分を摂らないというのはどういうことだろう。これがキウィ（ニュージーランド人のことをこう呼ぶらしい）スタイル？

そんな話で盛り上がっていたら、係の男のヒトがやって来た。

「新入生のみなさん、ようこそ我が校へ。これからクラス分けのテストを行いますので私についてきてください」

テストを受けるのは全部で四人。ワタシたちは係の男のヒトについて部屋を出た。

廊下にはやはりアジアからの生徒がワンサかワンサいて、一応『ｓｐｅａｋ Ｅｎｇｌｉｓｈ』と貼り紙がしてあるので、不自由なりにも英語で会話しているようだ。たまに西洋人らしきヒトもいるが、ほとんどアジア人。活気がある。係のヒトは、パソコンルームで熱心に勉強している生徒さんたちを追い払った。どうやら、そこでテストをやろうということらしい。ワタシたちはそれぞれ離れて座らされると、試験問題が配られた。

「テストの最中に校長のピーターがみなさんをひとりずつ、隣の部屋で面接をします。呼びに来ますから、それまでテストをやっていてください。面接が終わったらまた筆記テストに戻るように」

と説明を終えると係のヒトは去っていった。

設問は百問。一時間で百問は多いんだか少ないんだか見当が付かなかったが、とりあえず試験が始まった。最初の何問かは、確かに反射的に答えられる易しい問題だったが、そのうち、『あれ？　ここは過去形でよかったんだっけか』とか、『これが文の頭にくるのはおかしくないか』とか、ビミョウな決断を要する問題が増えてきた。これまでの人生、さんざん単純に働き続けてきたワタシの脳みそは、今までと違った部分の働きを突然嵐のごとく要求されて、ヒーハーヒーハー息があがっているのがわかる。機関車の車輪が、燃料の石炭をめいっぱい入れられてシュシュポポシュシュポポはずれんばかりに回転しているあのイメージ。助けてー！

するとと突然、後ろから肩をたたかれた。

「ヒィーっ！」

あまりに集中していたもんだから、ビックラこいて飛び上がった。

「いらっしゃ〜い」

ワタシの背後で、痩《や》せて色白の眼鏡をかけた初老の男が手招きして立っていた。怖い。でも、これがたぶん校長ね。ワタシは校長のあとについて別室に入った。部屋では本当にチョロチョロっと簡単な質問をされ、一、二分で面接が終わった。そして、部屋に戻って再び筆記試験に取り組む。背後では、また誰かが肩を突然たたかれて、「ヒィーっ！」と飛び上がっているのがわかる。

試験終了のお告げとともに、ふたたび新入生係がやって来た。

「はい、そこまでー。試験の結果が出るまで、小一時間、簡単な街案内のツアーをしますので、参加してくださーい」

どうやら、新入生たちは、このヒトに連れられて街中徒歩観光に出なければならないらしい。こっちはそれどころではないのだ。終わってみれば、一時間に百問は、かなりハードなことがわかった。やぶれかぶれで全問解答してみたが、これは自分にしてはかなり大健闘。しかし、もう、脳みその温度はそれでヒートアップ。耳の穴からこぼれそうだ。横にならせてくれー。

「いやー、疲れましたよねー」

と菊地さん。

「ちょっとスゴかったね。全部解けた？」

「もう、適当ですけど、一応」

一応、と辛いふりをしているが、なんか余裕が感じられる菊地さんである。

クラス分けの試験を受けたワタシら四人の他に、なぜか六人ほど増えて、十人ほどで街中徒歩ツアーに出かけた。基本の大聖堂、図書館、ショッピングモールなどを説明してもらうと、もう、ツアーするところがない。時間稼ぎに、楽しげな小話も加えて熱心にいろいろ解説する係のヒト。寒いし、退屈なので、一時間百問を余裕で解いた菊地さんに、いろいろ質問してみることにした。するとどうやらこのオンナ、大学時代、三週間にわたってホームステイの経験があるという事実が発覚。それもニューヨークっ。その上、大学では英文科っ。

「いえいえ、もう、全然忘れちゃっててダメです。だって、授業でシェイクスピアとか読むんですよ。なんの役にも立たないですよ」

……授業でシェイクスピアを読んだだと？

出発前は、

「もー、ホームステイなんて、めんどくさいですよね。どうします？　マダムはいいですよねー、英語できるから」

なんて、ほざいていた菊地。自分はすでにホームステイも経験済み。しかも、シェイクスピア。

「あれぇ、言ってませんでしたっけ？　でも、もう、全然。ほんと、全然」

と顔の前で必死に手を振る菊地。もう、その手は通用しない。

学校に戻ると、校長からクラス分けの発表が。

ワタシは、ニューヨーク仕込みシェイクスピア女と同じクラスだった。これはちょっと鼻の穴ふくらんだね。高卒で、ホームステイ未経験のこのオレ様が、高学歴と鼻話、いや華々しい経歴をお持ちの菊地さんと同じクラス。よく頑張ったよオレ様。

学校一日目は、こんなテストや街角ツアーがあったものだから、授業は一時間だけ出ることに。そもそもワタシたちのコースは午前中だけの、パートタイムクラスなんていう、アルバイトみたいな名前のコースだ。

クラス分けの結果の後はちょうど休み時間で、若さでムンムンの学生さんたちがマグカップを片手に関口宏なみにリラックスしている。近頃の世界的な傾向なのか、地べたに座り込んだりしている若者もたくさん。そのむせ返るような若さの間をすり抜けて、指定された教室へ向かった。

ワタシたちのクラスは総勢十二名。全員アジア人なうえに、とりあえず英語で会話しているので、どこの国のヒトだかまだ判断できない。みんなが和気あいあいと雑談しているところにいきなり入り込むのでちょっと緊張する。長い机が向かい合わせてくっつけた形になっていて、みんなと顔を見合わせて座るようになっている。ワタシと菊地さんは、空《あ》いている席の向こうとこっち側に離ればなれに座った。

それにしても若い。男も女もお肌がピチピチしている。そして、どう見てもワタシは最長老。そして、菊地さんがぴったりとその後についている。遅れるなよー。

授業の始まる合図とともに、先生が入ってきた。小柄で色白の、しかし快活で、いかにも賢そうな女の先生だった。彼女の名はヴィッキー。ヴィッキーはワタシら新入生にテキストを配った。そして、簡単にみんなに紹介すると、さっそく授業が始まった。

それにしたっていきなり容赦のない内容だ。よくわからないが、これはかなりマジメな授業だと思う。まあ、マジメじゃない授業をされても困るわけだが、いきなり本腰を入れた授業展開に、ふたたびワタシの機関車ボルテージがマックスに。この日は『ｉｃｏｎ』というものについて学んだ。アイコンといったらパソコンのアイコンのことしか知らないワタシは焦ったが、みんなも同じレベルだったのでちょっと安心した。『ｉｃｏｎ』とはなにか。みんなも自分で勉強するように。

それにしても、各国の辞書事情には唸《うな》るものがあった。ワタシはこれでも、自分が使っている電子辞書には、ちょっと自信があったのだが、隣の中国人の女の子の電子辞書の小さいことよ。ワタシのセイコーのやつよりふたまわりも小さいではないか。

日本の技術は世界一ではなかったのか。向かいの台湾人と思われる男子のはさらに小さい。そしてなんと言っても一番マヌケなのは、シェイクスピア女菊地だ。大学で勉強してきたこともクラシックなものだと思ったら、お持ちの辞書までクラシック。前から後ろから和英と英和とがくっついているマメマメ辞典。このスピーディーな授業にそんなトロくさい辞書でついてこれると思っているのかー。それとも、自分の実力にはこの程度の辞書で充分とでも？　この生意気女めーっ。

あっという間の五十分間。今日の授業はこれで終わり。恐ろしいことに宿題まで出た。しかし、久々に学校の空気に触れ、疲れたけれど、結構楽しかった。正直、午後の授業まで出たい勢いだった。みんなは午後の授業も取っているらしく、昼ゴハンの態勢で大賑《おおにぎ》わいだ。いいなー。

そして、この昼ゴハンというのが、また実にアジアっぽくて興味深かった。インスタントラーメンを給湯室で作るもの、備え付けの冷蔵庫に保管していた自分の生もの弁当を取りに行くもの、電子レンジで弁当を温めるもの、おにぎり、サンドイッチ。それ食堂がないから、冷蔵庫や電子レンジといった設備が充実しているのだろうが、それを百二十パーセント活用しているアジア圏の生徒たちのたくましさに感動を覚えた。

上・笑顔が可愛いヴィッキー先生。
下・日中電子辞書対決。日本の負け。

いろいろな匂いが充満して、なんだか健康ランドみたいな感じもしないわけでもなかったが。

授業を終えて外に出ると、生意気な菊地もついに弱音を吐いた。

「やっぱり辞書、あれは辛いですね」

そうだろうそうだろう。愚かだったな、菊地さんよ。

「でも、楽しかったです」

疲れた様子も見せず、嫌みな編集者菊地は、口元に余裕の笑みを浮かべるのだった。

くそっ。生意気っ。

放課後の老人水泳大会

昼ゴハンは学校のそばのレストランで軽く、ニュージーランド食なのかどうなのかよくわからない洋食を食べ、午後からはタナバタさんとコリツネ氏らと合流し、郊外で繰り広げられているという、水泳の『シニア・チャンピオンシップ』を見学に行くことに。それは、なんでも、世界から集まった二十五歳から九十一歳までの三千人にも及ぶ参加者を誇る大水泳大会だというのだ。是非、見てみたい。できれば老人のレースを。老人のリレーとか。

タナバタさんの運転する車で二十分。こんなところに体育館があるのかと心配なくらいの田舎であった。しかし、それはあった。駐車場も満車である。ヒトビトの知らないところで、秘密裏にこんな水泳大会がにぎにぎしく開催されていたなんて。

ところが、一般観戦はお断りだという厳しいセキュリティ。別に老人の後ろから急にどついて心臓アタックしようなんて恐ろしいことを考えているわけでもないのだから、入れてくれてもよさそうなものを。食い下がるタナバタさん。結局、日本から来たという水泳雑誌の取材のカメラマンと共に十五分間だけ見せてもらえることになった。

いたいた。老人が。水着姿の。応援席もみっちりで、家族や友人たちの熱い声援が飛び交っていた。次から次へと飛び込む選手たち。しかし、ワタシたちが観戦できる時間帯はどうやら、まだ九十一歳まではほど遠いようである。見たところ四十代女性バタフライの部といった感じだった。ちょっと残念だったが、せっかくなので、観戦する。十五分という限られた時間が気持を焦らせたが、特に印象的だったのは、お腹《なか》に赤ちゃんがいるであろう四十代女性バタフライ選手であった。結構腹が突き出ていたが、普通に飛び込んで、激しくバタフライしていた。腹にいる子供は、いったい何が起きたと思うのだろう。しかし、ああいうのも大丈夫なんだなーと、女体の神秘をシミジミと感じたのであった。

そろそろおいとまする時間だ。

プールを出たロビーのようなところでは、出番を終えた選手や、これから、といっ

バタフライのスタートを待つ立派な妊婦。

た選手や、関係者たちが、大きなスクリーンに映し出される競技の様子を観戦したり、歓談したりして、賑やかな雰囲気であった。できるだけ老人っぽいヒトと記念写真を撮ろうとして、ふたりの初老の男性たちに声をかけた。すると、

「え？　なんで、俺たちと写真を撮りたいんだ。どうしてだ」

と激しくつっこまれ、

「老人風だから」

とも言えず、かっこいいから、と言うと、

「え、そうか？　そうなのか？」

とデレデレして必要以上に盛り上がっていた。その様子は思っていたよりジイさんでなく、ちょっとナマっぽいオヤジといった感じで、腰がひけた。おまけにビキニの海パン姿だし。しかし、向こうはノリノリなので、仕方なく一緒に写真を撮った。南アフリカからのエントリーだそうだ。

『シニア・チャンピオンシップ』。

まあ、それなりに楽しめたって感じか。

フェロモンむんむんのシニアたち。

カレーとステーキ

『シニア・チャンピオンシップ』からクライストチャーチ中心部に戻ってきたワタシたちは、タナバタさんとコリツネ氏らと解散し、ちょっとした買い物をすることにした。

なぜなら、今晩ふたたび、酒も水さえも飲まない健全な夜が訪れようとしているからである。菊地さんは是非、健全な食事のあと、自分の部屋に引き籠《こ》もってからこっそり飲む酒と、とびっきりのジャンクフードを、ワタシは、明日の授業のつなぎというかなんというか、言ってみれば『おやつ』を買いたかった。菊地さんのうちもそうらしいが、ちょっと小腹が空いた時につまむようなものが、ない。いや、あるのかもしれないが、夜中にこそこそヒトの家の冷蔵庫や食料庫を物色するというのは、いくらいっときは家族同然といっても、そこまではできないのが、やまとなでしこの心意気といったものだろう。ワタシの『おやつ』というのも、いい年して力の抜ける問題だが、ワタシの場合、昔からそうで、授業の三時間目が終わる頃から急激に腹がへってきて、四時間目には、暗雲の間を掻《か》き分けて何処《どこ》からともなく轟《とどろ》く雷のごとく、腹が鳴り響くのである。これ、ホントに。それをごまかすために、用もないのに、鉛筆やノートをがちゃがちゃクシャクシャ鳴らしてみたり、大変な気の遣いようで、授業どころの騒ぎではないのだ。それを防止するためには、誰がなんと言おうとも、三時間目のあとに何かを胃袋に入れなければならないのである。

店を探してさまよったが、これがまた、ない。日本だったら、そこここにコンビニがあることだろうに。家のまわりは瀟洒な家ばかりでそんな便利な店などはもちろん存在していない。それどころか、夕方に界隈をウロウロしてたら、ひげもじゃのピックアップトラックのおじさんに誘拐されそうだ。だからなにがなんでも町で買い物しなければならないのだ。ワタシたちは焦った。ジャンクフードはあっても、酒がない、とか、酒はあるが、欲しいものがない、とか、ちょっとこだわりすぎのきらいがあるような気がしないでもなかったが（菊地め）、とにかく、やっとのことでそれぞれの納得できる品物をゲットすることができたのだった。

ひとまずホッとしたワタシたちは、食料品を大事に胸に抱え、バスターミナルに急いだ。急がなくてもよかったのかもしれないが、とにかく、時刻表の読み方がイマイチよくわからないという、地元小学生も失笑レベルの拙《つたな》さ加減で、とりあえずバスターミナルで待機、という手段をとったわけだ。

モダンなバスターミナルのきらびやかな電光掲示板を見れば、お互いまだバスの出発時間には余裕があるようだったので、ターミナル内の小洒落《こじゃれ》たカフェでコーヒーでも飲んで、買い物で煮えたぎったパッションをクールダウンすることにした。

気持も落ち着いた頃には、ワタシのバスがそろそろ出発の時間だ。菊地さんに見送られ、ワタシはバス停番号を確認して、バスに乗り込んだ。バーイ。

バスの中で真剣に時刻表の見方を研究してみたのだが、やはりこれは難しい。難しいというよりも、時刻表に、こっち側に伝えようとする意思が感じられない。こんなにたくさんバス停に止まるのに、時刻表にはたったの六カ所しか時間が印刷されていない。その間の地区の住民は、時刻表に記されている主なバス停を、バスが何時何分に通るから、うちは大体このくらいだろうと、勘でバス停にて待機しなければならないのだ。それとも、こんなことで難しいと感じるワタシは、日本の素晴らしいバス事情に慣れてしまっている小生意気なシティーガールとでも言うのか。まあ、そうかもしれないがな。とにかく、これからは細かいことは言わず、自分の『心の時刻表』を頼りにするまでだ。

そろそろ見覚えのある町並みだ。もちろんバス停のアナウンスもないので、自分の降りるポイントを見逃さないように目を皿のようにして、朝、覚えた景色を探す。来た来た、角が工事中のこの坂だ！　停車ボタンを押して、車を止めてもらう。こっちのヒトは降りる時『サンキュー』と運転手さんに言って降りるのが気持ちいい。ワタシの降りるバス停はワタシひとりだけだったが、キウィにならって、運転手さんに挨拶した。ちょっとロコになった気分。

裏庭の木戸を開けて庭に入ると、夕暮れの空をバックに家の中でお父さんとお母さんが晩ゴハンの支度をしているのが見えた。夕飯のことを気にせずに家に帰る気楽さ。ゴハンができているという贅沢《ぜいたく》さ。この気持は、ご家庭を持つご婦人には痛いほどよくおわかりではないだろうか。ワタシの姿を見つけたお母さんお父さんは笑顔で手を振っている。どうやら、この匂いからすると、今晩はカレーと見た。なんだか、字面《じづら》だけだと、日本の夕方の景色とあまり変わりはないような気がするが。

「おかえり、サトミ。学校はどうだった？」

と今日も陽気なお父さん。サンドロは、すでに帰宅していて、また黙ってテレビを観ている。そういえば、ワタシはここに来る初日の車の中で、お母さんに『インドのカレーが好きだ』と言った気がする。きっとお母さんはそれを覚えていて、ワタシのためにカレーを作ってくれたのだろう。チキンカレーだそうだ。荷物を部屋に置いて手を洗って、食卓の準備を手伝う。やはり大きな皿にカレーが盛られ、蒸した野菜とごはんがそれぞれ盛られ、それを自分の皿に取り分けるというスタイルらしい。

テーブルにつくと、今晩もお父さんお母さんの前には飲み物がない。カレーの時でさえも水を飲まない徹底したライフスタイル。すごい。そして、見ると、なぜかサンドロの前にはワタシたちと違った料理が置かれている。

「サンドロはチキンが嫌いだから、ステーキなの」

とお母さん。ちょっと!! アンタ（お母さん）！ 甘やかしすぎー！ いい年した男がチキンが嫌いだからって特別食作ってもらうか？ ああ、甘い。甘すぎる。それともそばアレルギーみたいに、チキンを口にしたら卒倒するとかそういう深刻な問題？ いや、そんな感じではなかった。ただ単に嫌いなんだな、チキンが。

カレーは、正直、ものすごく旨《うま》かった。付け合せの野菜も。

食後は、どうしたことか、なんかみんなちょっと陽気になって（なにか入っていたのか?）、紅茶を飲みながら、サンドロが持ってきたというスイスチョコレートとワタシの持ってきた羊羹で団欒が持たれた。まずはサンドロのチョコレートをみんなで食べたのだが、思いがけずそれはチョコレートボンボンで、口の中でかなり強い洋ナシのリキュールが爆発したものだから、酒を飲まない清く正しいこの夫婦にはかなりな衝撃だったらしく、ふたりとも、ギャー！　ギャー！　と大騒ぎだ。確かにかなり強くてびっくりだったが、そんなに大騒ぎすることもなかろうに。そして、次は羊羹だ。サンドロは今日は食べる気になっているようだ。

「何が入っているのか」

としつこく聞くので、『砂糖と、小豆《あずき》と、寒天』だと答えたかったのだが、『寒天』を英語でなんと言うのかわからず、思わず、

「ｓｅａｗｅｅｄ（のり）」

とかなんとかいい加減なことを言ってしまい、サンドロも一瞬ぎょっとしていたが、友好のためか頑張って食べていた。感想は「悪くない」。カレーもそのくらい頑張っ

て食べるようにな。お母さんは昨日すでに試食済みなので、こっちとしてはお父さんの反応に興味津々といった感じだ。しかし、チョコレートの衝撃がまだワタシの口にも残っていたし、お父さんもそうに違いないので、たぶん何食べてるかわからないんじゃあないかと思っていたが、案の定、

「んー、これは変わっている」

と当たり障《さわ》りのない意見。あんな強いモノの後には、別にどうってことない味だったに違いない。ホントはすごく美味しいのに。くそっ。

さて、この夜は、アメリカのアカデミー賞がテレビで放送される日だった。それも夜の七時半からというゴールデンタイム。ワタシは初めからきちんと観たことがなかったし、賞の合間のショウ（洒落か）とかもなんだか面白そうだし、とても楽しみにしていた。この和気あいあいとした雰囲気のままアカデミー賞観賞会に突入か、と思いきや、男性たちはまったく興味がないようで、それぞれの部屋にさりげなくフェイドアウト。お母さんは、興味があったのか、それともワタシに付き合ってくれたのかわからないがリビングに残り、ふたりでテレビの前に鎮座した。しかし、やっぱり向こうのアカデミー賞は迫力が違う。そして楽しい。俳優だけでなく、さまざまなパー

トに賞が与えられる。どのヒトも心から嬉しそうで、観ているこちらも幸せな気分になる。それにしても、まだまだ終わりそうにないのだが、時計はすでに十一時を回っている。お母さんもあくびの回数が増えてきている。そして、とうとう助演男優賞の感動のスピーチが終わった辺りで、辛抱たまらんといった感じで、お母さんが席を立った。

「部屋を出る時は電気を消してね」

と言い残し、お母さんも消えた。ひとり残ったワタシもかなり眠かったが、せっかくだから最後まで見届けたい、と頑張った。しかし、俳優の賞の後に、また特殊何とか技術賞とかいうような裏方賞になったりして（おめでたいのですが）、三歩進んで二歩下がる状態が幾度となく繰り返されるのだ。なかなか終わる気配がない。頑張って、主演女優賞を受賞したハル・ベリーの大興奮スピーチを見届けたのが十二時過ぎ。しかし、いくらなんでもこれ以上観たら明日の学校に影響が及ぶ危険が大ありなので、泣く泣くテレビを消して、電気も消して、慌ててベッドに入ったのだった。あー、最後まで観たかった。

時計は十二時半。いったいアカデミー賞、何時間やっているのだろう。いつ終わるのだろう。主演男優賞は？　作品賞は？　次から次へと気になりだして、おまけに小腹まで空いてきて、すごい寝つきが悪かったのを覚えている。

充実の二日目・スチューデントミーティング

学校二日目の朝は、余裕で、昨日のようにバカ食いはせず、トーストとヨーグルトでサラっと済ませた。昨日と同じバスに乗り、昨日と同じく早めにターミナルに着いたので、やはり、世界のスタバに景気づけに入る。すると、そこにはすでに菊地さんがいて、やはり景気づけなのか、エスプレッソをかっくらっていた。ちょっとやさぐれた感じからすると、昨夜のゴハンも味がなかったと見える。ワタシもエスプレッソをギっと飲んで、一緒に登校した。

二日目の授業は、『強調』について。二つの文章を見比べて、どちらが優れた文章か、そしてそれはなぜか、ときたもんだ。どちらがいいかはわかっても、それを説明するのが難しい。そして、そこが勉強なわけだな。みんな真剣だ。向こう側の席の菊地さんも、マメママメ辞典をめくったりして奮闘中。ワタシも朝から脳みそフル回転で、

カラダが発熱してきているのがわかる。勉強しすぎて瞳孔が開きかけた頃、一時間目終了の合図が。助かった。すると、

「今日のこの休み時間は、新入生歓迎会を含めたスチューデントミーティングがあります。みんな、二階のロビーに集まるように」

とヴィッキー。新入生歓迎会とは？　スチューデントミーティングとは？　ミーティングというくらいだから、何か話し合いでもするのだろうか。やはり意見は英語で交わされるのだろうか。当たり前だ。ひとりずつ意見を求められたらどうしよう。そして、ワタシを含めた新入生に、いったい何して歓迎してくれるというのだ。学校伝統の水かけ祭りとかだったらやだな。昨日より寒いし。

二階のロビーには、たぶんほぼ全校生徒（約三百人）が集合していただろう。ビリヤード台などが備えられているそこは、とにかく、豪華密航船かというくらいにアジア人たちでごった返していた。あるいはドーバー海峡フェリー三等室といった感じか。多くの生徒が地べたに座り、定員を遥《はる》かに超えた人員がソファを埋め尽くしていた。密航船と違うのは、みんなワイワイと楽しそうなところだろう。テーブルの上にはタッパーに入ったインスタントコーヒーや紅茶のティーバッグが置いてあり、カップボ

ードには、おそらく生徒全員分のマグカップが用意されていた。これは、普段から生徒たちが片手に持っていたカップで、いったい何処から持ってくるのだろう、と気にはなっていたが、どうやら出ドコはここだったらしい。給湯器もあるし、セルフサービスでいつでも勝手に作って飲んでいいようだ。なかなか太っ腹な学校だ。勿論《もちろん》授業にも持ち込みＯＫである。ワタシもさっそくコーヒーを作って、一応新入生なので、地べたに座った。たぶん一番長老だと思うけどね。そのうちどこからともなく皿にのったクッキーまでまわってきた。今やロビー全体がものすごいリラックス状態だ。これから本当にミーティングが始まるのか。誰かのお誕生会の間違いではないのか。

　アジア人たちの喧騒がピークに達した頃、校長のピーターがビリヤード台の前に立ちはだかった。クラス分けテストで面接をした先生だ。

「はい、みなさん注目。今週も何名かの新入生を迎えました。親切にいろいろ手伝ってあげるように。それから金曜日はイースターです。連休になります。街中の店の営業時間や、バスのタイムテーブルも変更ありますので、あらかじめ確認して気をつけるように」

　みたいなことを言った。そんな話を聞いている生徒たちの姿も、なんとなくリラックスしていて、日本の学校のような緊張感がない。これはいいことなのか、悪いことなのかわからないが。でも、別に暴れたりする問題児とかがいるわけでもないので、まあいいのかも。よく言えばアットホーム。次の先生は、イースターホリデーで学校が休みの間の、課外授業の案内。サッカーや、クイーンズタウンへの旅、そしてレストランでのパーティーなど、若い生徒が楽しめるアトラクションがもりだくさんだ。ああ行って来い行って来い、どんどん楽しんで来い（長老）。

どうやらこのスチューデントミーティングとは、いわゆる、『朝礼』みたいなモノらしい。別に、議題について話し合うとか、そういう難しいものではないようだ。先生の気の利《き》いたジョークに生徒たちもウケたりしている。

先生たちのお知らせがひととおり終わると、ギターを抱えた生徒一名と先生一名が前に出てきた。そして、彼らがギターを爪弾《つまび》きだすと、そこに集まっていたセンパイたちは、なんと声を合わせて歌いだしたのである。大きな歌詞カードがロビーの壁に貼られていたが、この歌はどうやら、ニュージーランドの先住民マオリ族の歌で、歓迎ソングらしい。このソング、ワタシたち新入生に捧げられているわけだな。水かけ祭りでなくて助かった。優しい旋律の曲で、やはりどこかポリネシアンソングっぽい

アジア人大集合。新入生歓迎の歌の合唱。

懐かしさだった。って、別にワタシはポリネシア出身ではないが。

思いがけずなごみのスチューデントミーティングも終わり、ふたたび授業に戻る。お遊びはそこまでだぜ。

授業が進むにつれ、今さら遅いのだが、ワタシは文法用語の英語の言い方がわからないという極めて初歩的な壁に気がついた。主語とか述語とか形容詞とか関係代名詞とか。これらは英語で何と言うの？　そんなとこでいちいち辞書を引いている自分が情けない。もちろんシェイクスピア菊地は余裕であろう。くそっ。三時間目終了後の休み時間には、菊地さんもワタシもそれぞれが持参した「つなぎ」で飢えをしのいだ。ワタシはバナナ、菊地さんはバナナチョコレートバーみたいなみっちりしたやつ。いつも酒先行の、甘いものをあまり食べない菊地さんがこんなものを口にするなんて、やっぱり「学ぶ」ということの奥の深さを感じる。

とにかく、行きつ戻りつ授業は進み、本日も宿題が。

『強調文を使って、自分のｉｃｏｎやａｄｍｉｒｅなものについてスピーチを用意すること』

なんだいそれ。どうしろっての。えっ。

放課後のペット事情

　さて、今日の放課後は、『ウィッシュ・インターナショナル』クライストチャーチ支店の浅黒いはにかみ屋さん、マチダくんの愛犬、ちび太（ポメラニアン）がシャンプーに出かけるというので、せっかくだから同行させていただくことにした。そして、ついでにニュージーランドのペット屋さん事情を拝見しようではないか、ということになった。

　ワタシたちはさっそくタナバタさんの運転する車で、まずは大きなショッピングモール内のペットフード屋さんを訪れた。普通外国のショッピングモール内のペットフード屋といったら、種類豊富な大きなお店を連想するであろう。しかし、最初に訪れたこの店は、たいして大きくもないし、そんなにべらぼうに種類豊富といった感じでもなかった。いわゆる普通の町の肉屋くらいの大きさ……って、おいおいっ!!　これは肉屋じゃないのさっ！

驚いたことに、そこは紛《まぎ》れもない肉屋で、それも、犬猫専用の肉屋だったのである。もちろん犬や猫の肉が売られているわけではないよ（げっ）。

ショウケースには、ウサギや鶏のひき肉やビーフの角切りなど美味しそうな肉が陳列されていて、どれもこれも、ニンゲンがいただいてもよさそうなほどだ。これにはアタシゃあ驚いた。こんな贅沢なものをこちらの犬猫は食べているのか。さらにそのショッピングモール内のスーパーマーケットにも犬猫お肉コーナーがあって、そこには可愛いラッピングの、どデカいソーセージ形の肉が普通に売られていた。まあ、日本でもニンゲン用の肉を犬や猫に与えて可愛がっているヒトはいるが、こんな風に犬猫専用、というのが楽しい感じではないか。しかし、小型犬ならまだご愛嬌の量だろうが、ウチの犬みたいなデカイ犬（ラブラドルレトリーバー）にはできれば教えたくない情報だ。

ワタシはその店で、猫用に、羊の敷物を買ってやることにした。

「猫ごときに甘いわね」

とお叱りをうけそうだが、もうこの先何年生きるかわからない老猫ゆえに、そのへ

これらを犬どもが食べるというのか！　うまそすぎ。

んはご理解いただきたい。

さっきから菊地さんの姿が見えないと思ったら、スタンドでアイスクリームを買って食べていた。アンタさっきバナナチョコレートバーを……やはり彼女の中で何かが壊れているらしい。

次は、いよいよちび太がシャンプーをしてもらう店だ。ここはなかなか大きい店で、細長い形の店内の奥のほうには亀とかエビとか、珍しい魚もいた。ちび太について、ワタシたちはゾロゾロとトリミングの部屋に入った。本当はいけないのだが、タナバタさんの交渉で特別に見学可、となったのである。中にはトリミング終了間近のアフガンハウンドが長い毛にクシを入れられていた。ケージの中には終わったのかこれからなのかわからないが、パピヨンとかピジョンフリーゼとかプードルたちが、ワタシたちに向かって、頭蓋骨《ずがいこつ》が飛び出そうなくらいにキャンキャン吠《ほ》え立てていた。ちび太は、トリマーさんに渡されると、早速、バリカンで気持いいくらいに丸刈りにされだした。いいの？　これでいいのか、マチダくん。

「はーい。毛がこんがらがっちゃうんで、丸刈りにします」

って、こんがらがらないようにブラシかけてやりなさいよ、ったく。バリカンを当てられたちび太はあきらかにインコ震いしている。こういう小さい犬にはインコ震いがよく似合う。すっかり丸刈りにされたちび太はただでさえ小さいのにさらにふたまわり小さくなった感じだ。次にシャンプーというわけだが、終了までに三十分ほどかかるというので、ワタシたちは部屋を出て、店内をぶらぶらすることにした。売っているものといえば日本とそう変わりはないが、驚いたのは、雑種の仔猫が何匹かショウケースに入れられて売られていた。それも一匹四千円くらい。これは高いのか安いのかビミョウなところだが、雑種といってもちゃんとした純粋種同士の雑種のようで、なかなか美しく、可愛らしく、見ていて飽きなかった。タナバタさんは家で飼っている鳥が大きくなってしまったので、鳥カゴが欲しいといって、奥のほうでいろいろと物色していた。しかしその店にある鳥カゴは金のフレームでかなりゴージャス。お値段も四万円ほどで、「鳥ごときにそんな豪邸はいらん」と、その豪華な鳥カゴは見送ったようだ。

そうこうしているうちに、ちび太ができ上がった。丸刈りのちび太は、丸刈りなりにもふさふさの出来栄えで、後ろすがたが哀愁を誘う。カメラを向けると、その黒目がちな大きな瞳は心なしか潤んでいた。

タナバタさんの鳥カゴ熱に火がついたようで、もう一軒行ってもいいですか、という。せっかくだからいろいろ見たいので、是非、ということになった。

次の店は、なかなか年季が入っているようだった。しもた屋風の店構えで、展示の仕方も結構ガサツ。欲しいものを自分で掘り出せ、といった感じだ。その中でワタシをくぎ付けにしたのは、店先の大きなケージに入れられていた雑種の仔犬たちだ。雑種といっても、やはりコリーとピットブルとか、ボクサーとラブラドルとか純粋種同士の雑種のようで、これがまた抜群の可愛さである。特にボクサーとラブラドルというのは、我が家で犬を飼う時に、どっちにしようかーと最後まで迷った種類だったので、こんな両方混じった犬は、まさに理想の犬というわけなのだ。そしてお値段は一万五千円。もう、鼻血が出るほどに安い。しかし、今ここで買って日本に連れて帰ったとしても、現在の我が家には、あと何年生きるのかという老猫二匹と、訳がわからないままとりあえず張り切って生きている二歳のラブラドルレトリーバーがすでにみっちみちで暮らしている。この仔犬もさぞかしデカくなるだろう。海を越えて、犬の住みにくい東京で窮屈に暮らすよりも、この、土地のありあまったニュージーランドでモウレツに駆けずり回って暮らすほうが幸せに決まってる。ワタシは下唇をグっと

上・トリミング前のちび太。ポメラニアンらしいですね。
中・トリミング後の疲労気味のちび太。
下・すっかり刈りあがったバックショット。

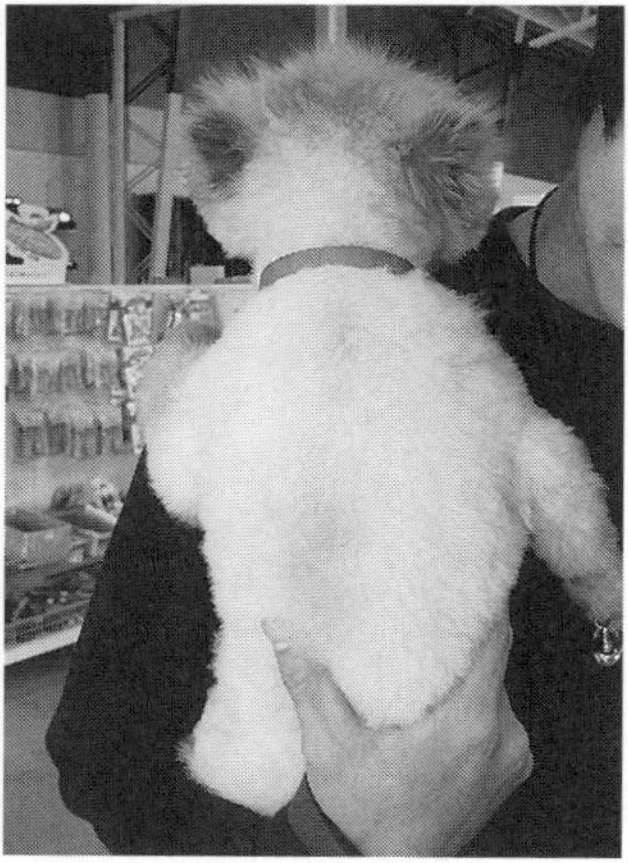

噛《か》み締めて、そのケージをあとにしたのだった。

ワタシがそんな葛藤《かっとう》をしている間、タナバタさんはお目当ての鳥カゴを見つけたらしい。なんでも、タナバタさんのウチのデカくなった鳥というのは、この店で買ったもので、その鳥カゴに入って売られていた鳥だそうだ。だったら、そのカゴがピッタリというわけだ。現品、しかも、使用済み、ということでかなりまけさせて購入していた。ワタシはその店で、切り傷でも虫刺されでもなんにでも効くというティートゥリー配合のクリームと、低刺激シャンプーを買った。勿論犬猫用。

買い物を済ませると、ワタシはボクサーとラブラドルレトリーバーの雑種と目が合わないように、カニ歩きで足早に車に乗り込んだのだった。

さようならボクサドルレトリーバー。幸せになるのよーっ。

カレー・愛の二段蹴り

ホストファミリーの食生活にかなり危機感を覚えているらしい菊地さんは、日頃食べないバナナチョコレートバーを食べたり、キャンディーがむっちり混ざり込んでいるアイスクリームを食べたりして、すっかり我を失っているようだ。ペットショップ帰りの道すがら、車を運転するタナバタさんに頼んで、また、どこかのスーパーに立ち寄ってもらい、なにか食料品を買い漁《あさ》っていた。特に味の濃いものが食べたいそうだ。深刻な飢餓海峡。

さて、どんなに遊んでも夕飯までに帰る、というのが新鮮である。ワタシたちはタナバタさんたちと別れ、バスターミナルに向かった。

そして、ワタシがターミナルに入ろうとしたその瞬間、ものすごいアラームが鳴り響いた。もしかしたら、自分でも気が付かないうちに何か万引きしたんじゃないか、とアセるくらいにワタシが足を踏み入れた途端、鳴り響いたのだ。突然、係のヒトたちが駆けつけて、ワタシたちは激しく外に押しやられた。こんな異国でお縄になるのか、と泣きそうになったが、どうやらそれは万引きのアラームではなく、火災報知器のアラームだったようだ。あっというまにターミナルの入り口にはテープが張り巡らされ進入禁止に。そして、次から次へと消防車が横付けされた。まるで映画のロケのようだ。しかし、そんな浮かれ気分でいるのが申し訳ないほどに、係員たちはいろんなところを真剣に点検していた。焦げ臭い匂いもしている。テロ事件の可能性もあるし、もし、このまま今晩家に帰れずにターミナルの周りで一晩過ごすことになったらどうしよう、と心細くなり、菊地さんが、味の濃いものばかりとはいえ、食料品を買っておいてくれたことに感謝した。

しかし、そんな心配をよそに、点検は終了したようだ。その間二十分くらい。どうやらボヤだったらしい。バスのタイムテーブルがぐちゃぐちゃになってしまったようだが、ワタシにとっては、そんなもの初めからあってないようなモノなので、なんの不便もない。菊地さんとも別れ、バスに乗り込んだ。

家に着いたのは六時半近く。今日も夕飯の支度ができている。わーい。しかし、ち

突然のアラームで消防車大出動!!　マジ？

ょっと待てよ。このいい匂い……。ガーン。も、もしかして、今日もカレーか……？ワタシの勘は的中した。今晩もワタシの好物カレーであった。そんな、いくらカレーが好きと打ち明けたからって、そんなに毎晩食べたいほど、死ぬほど好きってことじゃなかったんだが……。でも今日は、チキン嫌いのサンドロも食べられるビーフカレーだってよーっ！　わーい……。はしゃいだ自分が悲しい。ひとんちにお世話になっているわけだから、別に文句はありませんが、二晩カレー続きというのも、サビシーもんですね。視点を変えて、今日の付け合せに注目してみましょう。今日の付け合せは、カリフラワーとインゲンの茹でたのと、たまねぎとほうれん草の炒めゴハン。ほうれっ。美味しそうじゃないですか。この炒めゴハンはかなりイイ線いってました。全体的には、悔しいけどとても美味しく、満足でございました。

お父さんは今晩は、どこぞでランニングセッションとかいうチャリティーのような、よくわからないが、とにかくそんなようなもので外出していた。帰りは九時頃だそうだ。お父さんの水分を摂る姿を今まで見たことがないが、やはり、運動後には、ビールの一杯でも仲間と一緒に飲んだりするのだろうか。サンドロも同じことを思っていたらしく、

「ブルースは走ったあとにビールだな」

と お母さんの顔を見ながら挑発的に言った。すると、お母さんは、

「まあ、なんてこと!!」

と真剣に反論していた。夫は酒など飲むわけない、ええ、飲みませんとも、といった強い気持が感じられた。なんという美しい、健全な夫婦よ……。

食後は、テレビのドキュメンタリー番組をちょっと観たが、なんといっても、今日は本腰を入れなければならない宿題があるので、そうそうに部屋に引き籠もる。引き籠もるといえば、菊地さんは今頃塩辛いジャンクフードと酒で、ひとりよろしくやっているのだろうか。宿題ちゃんとやれよ。

拷問《ごうもん》の三日目・そしてサンドロ情報

いつものように七時四十分に家を出る。

スタバでエスプレッソ。待ち合わせもしていないのに菊地さんも合流。

「スピーチ何にした？」

ワタシは、ギッと一気にエスプレッソを流し込む菊地さんに質問した。

「紫式部です」

涼しい顔して、今、「紫式部」とおっしゃったか。

「な、なに？　あの紫式部？　なにそれ、すごいじゃん」

ワタシはびびった。さすが大卒。

「いや、こないだ仕事で源氏物語あつかったばかりだったんで、ちょっと」

ちょっとって。やはり部屋に引き籠もって味の濃いものを食べているだけじゃない。

日本人ならではの、素晴らしい題材ではないか。

「コバヤシさんは？」

「アタシ？　アタシはパピーウォーカー」

「ああ、あの盲導犬の」

ワタシのスピーチは、盲導犬育成の手助けをボランティアでしている、パピーウォーカーというヒトたちのことだった。盲導犬候補の仔犬を引き取って、一年間だけ家庭犬として可愛がって育てるのだ。たまたま東京のウチの近所に、そういうことをしているヒトがいたので、ワタシには身近な題材であった。それにしても、やはりやるなーシェイクスピア菊地。

教室では、いつもと違った席に着いてみた。席が替われば気持は変わったが、相変わらず遊びのないぎちぎちの授業内容は、ちっとも変わらない。むしろ、さらにパワーアップしている。ヴィッキーが笑顔で配ったプリントは、新聞の記事のような、とにかく長い文章だった。そして、内容は日本に落とされた原子爆弾の話。重い。重すぎる。

「二分でざっと読んでください。その後内容について質問します」

とヴィッキーは言った。この長さを二分で読めと。この記事が日本語だとしても二分は短い。読み終えるには、ガイジンになりきらないとできない。しかしガイジンになりきるには滞在日数が少なすぎる。

悪夢の二分間だった。

内容はほとんど理解できなかった。みんなはこんな難しい記事が理解できているのだろうか。これはかなりピンチ。時間が来て、ヴィッキーがアトランダムに生徒をあてて、質問をしていった。やはり、みんなにもちょっと難しかったらしく、なかなか完璧に答えられるモノが少ないのがせめてもの救いであった。って、こんなことで救われても仕方ないいっちゅうの。結局一時間目はタジタジのまま終了した。あんまり読めなくて落ち込んだが、これは目からウロコだった。

「これからは『読み』よ。なんといってもリーディング！」

と今まで会話だ会話だと思い込んでいた自分の愚かさに喝を入れるいい機会だった。

二時間目も、引き続き原爆関係の授業で、今日はこのまま原爆一色で終わるのかと思っていたら、三時間目にいよいよスピーチの発表タイムが設けられた。くじ引きで順番を決める。ワタシは三番目だった。昨夜必死に書いた原稿を見ながら、慎重に読み上げた。自分としては、かなり会心の出来だと思っていたのだが、反応イマイチ。いい話じゃん。どうよ、みんな。しかし、アジアの心にパピーウォーカーの話は届かなかったようだ。それとも、文法間違ってた？　ぐっすん。菊地さんの紫式部も、ワタシはさすが菊地、と唸ったが、アジアの心には紫式部さえなかなか入り込めないようだ。でも、一応ふたりともヴィッキーには、大変よろしい、と誉《ほ》められはしたので。とりあえずご報告まで。

さて、おちゃらける隙《すき》も与えないほどみっちりと詰った授業が終わると、今日は特に放課後の予定もないので、川沿いのカフェで昼ゴハンを食べることにした。

しかし、その前に、学校を出て橋を渡ったすぐのところにある土産物店で、やっぱり犬用の羊の敷物も買いたいと思って、菊地さんに付き合ってもらった。いつ死ぬかわからないから、といって猫への甘やかしを許してもらったまではいいが（誰に許されたのか）、訳のわからないままとりあえず張り切って生きている二歳の犬までそんな甘やかしていいのか、という自責の念もないわけではなかったが、別にそんな死ぬほど高級なものでもないし。確かにかさはあるが一万円しないのだ。自分の毛皮が一万円もしない事実を知らされる羊は辛いと思うが、このさい高慢に言わせてもらえば、いいものでもたったの八千円とか九千円とかそのくらいだ。東京で売っている犬用のマットなんて、二万円近くする。冬、猫たちはニンゲンと寝るから暖かくていいが、犬は寒いリビングで独り寝だ。せめて、ケモノのぬくもりで暖をとらせてやるくらいなんの罪になろう。

店内には、羊の開き状態の敷物がランク別に積み上げられていた。奥のほうにはそれを継ぎ合わせた、さらに大きい絨毯大のものまである。その量たるや、いくら羊がニンゲンの八倍いるからって、こんなにピロピロ剝《は》いでいいものかと心配になるほどだった。しかし、ニュージーランド経済を担う大切な役割を果たしている羊さん、これはいたしかたないというものか。南無——。いろいろ見比べたりして、山積みにされている中から、一枚を選んだ。その他に、羊のフィギュアが閉じ込められている石鹼とか、羊の絵皿とか、羊の模様入りキッチンタオルとか、羊関係の土産をいくつか購入した。自分がこれらをもらったら嬉しいかどうかも考えずにな。

店を出て、通りかかった大広場には、巨大チェスを楽しんでいるおじさんたちがいた。お天気もいいので、昼時の広場にはランチを青空の下でとるヒトたちがたくさん

いた。立ち止まってチェスを見ていると、背後から、

「サトーミー」

と呼びかける声が。振り返ると、そこにはランチタイムらしきサンドロが立っていた。手には長いバゲットサンドと、大きなペプシコーラのボトル。やはり、サンドロも家での清い生活のウサをペプシというジャンクドリンクで晴らしているに違いなかった。その表情も、家では見たことがないほど明るく晴れやかで、別人かと思うほどだった。ワタシは菊地さんを紹介した。サンドロは、爽やかに挨拶すると、ワタシが持っていた羊の毛皮などが入った大きな袋を指差し、何を買ったのか聞いた。

「羊の敷物と、石鹸と、キッチンタオルと……」

「ふーん」

サンドロの目は、なぜかワタシの土産物にくぎ付けだった。そんなサンドロとそこで別れて、ワタシたちはカフェへ向かった。

「あれが、例のサンドロですか、笑わないという」

菊地さんが聞いた。

「そうだよ」

「なんか、感じいいじゃないですか。爽やかじゃないですか」

「えーっ」

「全然暗くないじゃないですか」

確かに外で見るサンドロは、家でむっつりとテレビばかり観ているサンドロとは違って見えた。サーファーやスキーヤーがその地で三割増し素敵に見えるようにサンドロも、キャンパスライフをエンジョイしているニュージーランドの青空の下で、三割増し爽やかに見えたということか。

昼食の後は、街を散策することにした。博物館やアートギャラリーを訪れたり、広大な植物園のさわりだけちょこっと見たり、町なかを走るトラムに乗ってみたりして散策を楽しんだ。

夕方、ワタシたちは、いつもよりちょっと早めにバスターミナルに着いた。しかし、ちょうどいいバスがあったので、また明日ーっとそれぞれ別のバスに乗った。

土産物も買ったし、観光もしたし、なかなか充実した午後であったと、しみじみとバスに乗っていると、バスターミナルからかなり離れたところのバスストップで、なんとサンドロが乗ってきた。初めてバスで一緒になった。サンドロも驚いたようだったが、ワタシの座席の脇に立って、「ハーイ」と言った。どうしてこんな所から乗ってくるのかと聞いたら、なんか、シャワーを浴びようとしたら、なんとかかんとかで閉まっていた、とか答えた。そのバスストップは、ホームセンターみたいな建物があるくらいで、賑やかな場所ではない。そんなところでなぜシャワーを浴びようとしていたのか。不思議なヤツだ。あまり深く聞くと、サンドロの秘密を知ることになって、一歩深い関係になりそうだったので聞かなかった。サンドロは、席がたくさん空いているのに座ろうとしない。そして、また土産の袋をジロジロ注目して、あれからほかに何を買ったのかとか、どこに行って何をしたのかと執拗《しつよう》に聞くのだ。結局、彼は到着するまでワタシの脇に立ったままだった。家までの、夕焼けの道を一緒に歩きながら、ワタシは、なんだか偶然おにいちゃんとバスで乗り合わせて、一緒に帰る妹になった気分を味わっていた。これは図々しいというものか。確実に自分のほうが彼より十歳は上だと思うのだが、サンドロの背の高さと、オヤジくさい落ち着き加減がそう感じさせたに違いない。

晩ゴハンは、紙のような繊細なパイと、ブロッコリーとカリフラワーとサツマイモ。

料理上手のお母さんの手料理。上がカレーで下がミートパイ。

問題の(?)特製デザートのイチゴのケーキとおしん特製大根粥。

いつものようにとても美味しかった。そして、今日はどうしたことか、特製のデザートまであった。どうやら、明日でサンドロの留学プログラムも、ワタシの授業も最終日ということで、お祝い、というにはワタシ的にはこんなに短い滞在でいささか心苦しいが、とにかく、よかったねーという気持で作ってくれたらしい。イチゴの詰ったメレンゲのロールケーキにぶどうとブルーベリーを添えたもの。美味しかった。みんなに一切れずつ分けても、まだずいぶん残っていて、勧められたが、さすがにもう入る余裕はない。するとサンドロとお父さんが積極的におかわりをしてくれたので、助かった。サンドロは甘いものが好きらしい。

「それと、サンドロは買い物も好きなんだよな」

とお父さん。サンドロはメレンゲを口に頬張《ほおば》りながら深くうなずいている。お父さんの話によると、彼はいつも何かしら買い物をして帰ってきて、すでに、部屋はいっぱいらしいのだ。どんなものを買うのか聞いたら、

「Tシャツとか」

とむっつり答えた。買い物好きで、甘いもの好きで、猫好きなサンドロ。サンドロ情報は、かなり収集された。

食後にみんなで写真を撮ろうと言ったら、

「写真は好きじゃない」

とサンドロ。お母さんとお父さんは笑っている。さらに、テープレコーダーの自分の声と、ビデオに映る自分の姿は堪《た》えがたいと。これにはお父さんも大きくうなずいた。仕方ないので、記念写真は撮らなかった。

テレビではニュージーランド版ねるとんをやっていた。別に誰が観たいと言ったわけでもなかったが、なんとなく紅茶を飲みながら皆で観ていたが、若者の無責任で奔放な振る舞いにお母さんは、

「オゥっ」

「ゴッド」

を連発。怪しいキスシーンでさすがにお父さんがさりげなくスイッチを切った。確かに団欒にはふさわしくない番組であった。それからは、みんなでふたたび旅行の話をしたりしていると、お父さんが日本人にもらったという紙の眼鏡を持ってきた。それをかけてライトを見ると、すべてハート形に見えるというやつだ。

「こういうのはいかにも日本人が作るものだよねー」

とお父さんは感心している。こんな眼鏡を初めて見たサンドロは大興奮。ウオー、ワオーと大喜びだ。だったら、これはどうだと、ワタシの持っているディズニーのシンデレラのボールペンを取り出し、先についているボールの小さな穴を覗《のぞ》いてみろとサンドロに渡す。サンドロは穴を覗いたまま動かない。そうとう感動しているようだ。穴の中にはシンデレラと王子様が幸せそうに抱き合っている絵が描かれているのだ。やっと穴から目を離したサンドロは頭を横に振って感動を表している。お父さんもお母さんも感心していた。別にワタシが作ったわけではないが、こういう小細工ものが得意な日本人をちょっとばかり誇りに思ったのであった。

今日はなぜだかサンドロ情報が満載だった。しかし、これ以上の情報は、もう得ることができないだろう。なぜなら、明日授業が終わってそのままサンドロは友だちとクイーンズタウンにキャンプに出かけ、戻るのはワタシがこの家を去った後だからである。あばよサンドロ。元気でな。ワタシのほうも、短かったが明日で学校の授業はおしまいだ。疲れたけど、楽しかった。

「みんなでクッキーでも食べながら、さよなら会をしましょう」

と言っていたヴィッキー。しかし、その夜中、明日のさよならクッキーを食べることさえできない出来事が、ワタシを襲うのである。そんなこともまだ知らず、宿題もないし、ラッキー、なんてのん気にベッドに入るワタシだった。

絶体絶命

その夜中、ワタシは腹痛で目が覚めた。時計は二時半だった。このところ、日に日に秋らしくなってきていて、朝夕は気温もかなり下がり寒かったのは確かだ。ワタシは腹でも冷えたのかと思って、寝ボケまなこでクローゼットからもう一枚毛布を取り出し、念のため、胃薬と正露丸、両方飲んだ。しかし、カラダは眠いのだが腹痛が一向に治らず、夢の中で腹痛になっているような、なんとも心地の悪い目覚めだった。

実際に目が覚めても、まだ腹痛はよくなっていない。むしろ熟睡できなかったせいで、心なしかだるい感じだ。旅行にはいつも体温計を持っていくので、それで測ってみると、デジタル表示はぐんぐん上がり、あっというまに三十八度の大台を超えた。ヤバイ。これはかなりヤバイ雲行きだ。雲行きどころか、もう、かなり暗雲垂れ込めてる感じである。しかも、今日は学校最後の日。終わりよければすべてよしとは、今も昔も変わらぬ志。少しくらいの無理だったら、なんとか学校へ行きたい。ワタシは遅刻しないギリギリまで、ベッドで養生した。しかし、一向によくなる気配はない。もう、バスの時間にも間に合わない。

モサモサのパジャマ姿のまま、朝食の支度をしているお母さんのところへズリズリ行き、

「お腹が痛くて熱もあるので、学校を休みます」

と告げると、驚いた様子だったが、学校へ電話してあげましょうか、と言ってくれた。しかし、腹痛で学校を休むのに、三十七にもなったオトナが、お母さんに電話してもらうのも情けない話だと思って、自分でするから大丈夫、と言った。

ふたたびベッドに戻ったワタシを、今度は吐き気が襲った。しかし、吐こうとしても吐けない。お腹は痛いが、下痢にもならない。しかし、カラダはどんどん消耗しているのがわかる。ベッドに横になると、すぐにでも眠りに落ちそうだ。

菊地さんに電話すると、いつものようにスターバックスにいた。「具合が悪くて今日は休むよー」と告げると、ビックリしていたが、「お大事に、無理しないでゆっくり休んでください」と言った。

なんとか始業時間まで起きていて、学校に電話した。電話口のヴィッキーは、残念だが、どうぞお大事に、また会いましょう、と言った。ワタシはヴィッキーが結構好きだったので、最後にちゃんと挨拶できないのは、本当に悔しい気持だった。そして、ふたたび眠りに落ちた。

目が覚めたのは昼過ぎ。学校を終えた菊地さんからの電話だった。

「大丈夫ですか。お腹まだ痛いですか」

「痛いよー。気持悪いよー」

「病院行かなくて大丈夫ですか」

「寝てればよくなるでしょうよ」

「ホントですか。無理しないで安静にしてくださいね」

お母さんも心配して部屋にやって来た。病院に行くか、と聞くので、大丈夫だと思う、と断った。横になっていれば大抵は治るに違いない。それにしても横になりすぎて腰が痛い。おまけに腹が減っているような気もする。でも腹が痛い。せめてどっちかひとつにして欲しい。それに、いくら具合が悪いといっても、なにも口にしないのは、かえって体力を消耗するだけではないのか。しかし、ここが日本なら、粥《かゆ》だのうどんだのでいくらでも栄養をとれるだろうが、ここはニュージーランド。これまでの食生活ではいったい何が主食なのかもわからない状態だ。この家のヒトはいつ水分を摂っているかも謎だし。だんだん心細くなってきた。だるいカラダを引きずってキッチンに行くと、置手紙が。

「ちょっと出かけます。好きなものを食べてね。オルウェイン（お母さんの名）」

ワタシは冷蔵庫からりんごを取り出し、齧った。冷たくて美味しかった。そしてまた寝た。

目が覚めた。どうか、熱が下がっていますように、と願をかけて測ったら、憎たらしいことにまだ三十八度以上あった。お父さんもお母さんも家にいるようだ。「お父さんが、風にあたると気分が変わるんじゃないかと言っている」とお母さんが伝えに部屋に来たので、髪の寝癖をできるかぎり押さえて、庭に出た。お父さんは、ワタシを励まそうと思ったのか、熱い日本茶と、立派な日本の写真集を持ってきてくれた。開くと、京都や日光や北海道など、息をのむような懐かしくも美しい日本の風景がそこに広がっていた。すると、いったい何故《なぜ》、ぐったりしたワタシは、今、ここニュージーランドで、熱い日本茶を飲みながら、こんなに美しい日本の写真集を見ているのか、という思いがこみ上げてきた。情けなさとホームシックで一瞬泣きそうになったが、それよりも風にあたってさらに具合が悪くなってきた。そんなワタシの状態を知ってか知らずか、お次は立派なニュージーランドの写真集を渡された。ありがたいが、これ以上ここにいるのは危険だ。部屋で見ますね、とよろけながら席をたった。すると、

「サトミは旅行に慣れているから、アナタのやり方があるんだろうけど、本当に辛くて病院に行きたいなら、言ってね」

とお母さんが言った。ワタシはうなずいた。ワタシのやり方ね――……そんなカッコイイものなどないのよ。スンマセンけど。

どれくらい眠っただろう。お母さんが「お友だちが来たわよ」と起こしに来た。リビングには菊地さんと、一緒にニュージーランドに来たが、学校には行かず、気ままにニュージーランドライフをエンジョイしていた、ワタシの事務所の社長が来ていた。彼女たちから渡された袋には、フリーズドライのお粥が二個と梅干（社長の大事なもの。この二個で最後）とビスケットとヨーグルトが入っていた。

「コバヤシさん、それから、これ」

SOUTHERN ENGLISH SCHOOLS
CERTIFICATE OF ATTENDANCE
SATOMI MITANI

かたじけない修了証……。

と菊地さんに手渡されたのは、学校の修了証だった。そんな、修了って、たいした日数も通っていないのに、なんだか申し訳ない気分だった。

突然訪れた友人たちを、お母さんは、テーブルクロスまで敷いて、羊羹と日本茶でもてなしてくれた。それもたっぷりの羊羹だ。ニュージーランドで祖国ニッポンの味を、と気を遣ってくれたのだろう。ところが皮肉なことに、菊地さんも社長も甘いものが苦手で（菊地さんはここのところちょっとおかしくなってきているようだが）、羊羹なんて、フタしてどこかにしまって欲しいヒトたちなハズである。ふたりともお皿に綺麗に並べられた羊羹を見て、笑顔を作りながらも、言葉を失っている。いつもなら、ワタシが頑張って片付けてやるところだが、今日はそんな芸当などとてもできる状態ではない。

「せっかく出してくれたんだから、ひとりふた切れずつイケ」

と小声で命令した。日本語だから別に大声でもよかったのだが。彼女たちは鼻をふくらましながら、日本茶でふた切れずつ飲み込んだ。なかなか気のいいヤツらだ。そして、迎えに来たタクシーで逃げるように帰っていった。

だが、さまざまなヒトたちの励ましも空《むな》しく、いよいよ具合が悪い。ワタシは、ココロを決めた。病院へ行こう。そして、薬でも注射でもなんでもやってもらって、楽になろう。そして、残りのニュージーランドをエンジョイせねば！　と。

アナタはコメを信じますか？

お母さんの運転する車の助手席で、ワタシは朦朧《もうろう》としていたが、症状の主なる単語を電子辞書で学習することにした。そういえば、今まで外国で体調をくずしたことはあったが、病院へ行くのはもしかしたら初めてだ。言葉の違う国では、症状のちょっとした説明の違いで、誤った投薬や注射をされてしまうかもしれない。言葉は慎重に選ばねばならないだろう。ここは確実な学習が必要だ。

しかし無情にも、車はあっというまにクリニックに着いた。家からものの二分。引いた単語は『下痢止め』のみ。よろめきながら車を降りた。

そのクリニックは、ぽつんと住宅街の一角にあって、平屋で山小屋風の可愛らしい建物だった。カラフルな手作りの貼り紙などがいたるところに貼ってあって、どことなく保育園の雰囲気だ。感じのよい受付の女性に症状を説明すると、その女性は優しい言葉をかけてくれた。

「それは大変でしたね。先生は今診察中ですからちょっとお待ちください」

ワタシはお母さんとならんで椅子に座って待っていた。待合室にはワタシたちだけだった。まもなく診察室から患者さんらしいおじいさんがとぼとぼ出てきて、その後から先生が出てきた。眼鏡をかけて背が高く、比較的若い（四十七、八歳？）、素朴な感じの先生だった。

「次のかたはアナタですか」

とワタシに向かって言い、はい、と答えると、驚いたことに、

「ドウシマシタカ」

と日本語で話し始めたのである。これにはお母さんもビックリ。受付の女性も、ワタシたちがビックリしているのを見て喜んでいる。お母さんは何度もここに来たことはあったが、先生が日本語を話せることは知らなかったらしい。

「あ、えっと、あのですね」

急に日本語で話すことになり、ワタシも一瞬たじろいだが、これはまったく心強い限りである。こんな小さな町のたった一軒のクリニックに、日本語を話す先生がいる

なんて誰が想像しようか。これはものすごい幸運である。なんだか、嬉しくなって、それだけで二割ほどよくなった気がした。

診察室もログハウス風で、木の温かみがホッとさせる雰囲気になっていた。問診をして、木でできた診察台に横になって腹を出して触診して、水銀の体温計で熱を測った。先生は、なにか、カルテに書き込むと、

「コレハ、カルイショクチュウドクデスネ」

と言った。食中毒⁉　昨日のゴハンはとても美味しく、確かにたくさん食べたけど、みんなが平気でワタシだけというのは、これまたいったいどうしてか。

「タブン、ツカレタトキ、ナリヤスイデス」

言われてみれば、ニュージーランドに来る直前までドラマの撮影をして、こっちではガイジンの家に泊まって、早起きして、使い慣れない頭を使って、無意識のうちに疲れる要素はたくさんあった。

「クスリハ、ノマナイデイイデショウ。クスリ、カラダニヨクナイデスカラ、デキルダケ、ノマナイデ、ナオシマショウ」

先生は、診察を終えると、お母さんに英語で説明をした。食中毒なんて聞いたら、

清いココロのお母さんはものすごくショックなのではないか、と心配したが、そうでもないようだった。そして、最後に先生は、

「オカユヲ、タベナサイ。オカユハ、スベテヲナオシマス」

と言って、お母さんにも英語で同じことを言った。米の力を信じているあたり、ただの日本語を話すガイジンではないな、と思った。そうとう日本に思い入れがあるに違いない。後でお母さんに聞いた話によると、先生は宣教師の子で、日本にもしばらく住んでいたらしく、日本がとても好きらしい、ということだった。そんな先生に診《み》てもらったことは、本当にラッキーだった。そういえば、『お粥を食べなさい』のくだりは、『神を信じなさい』のフレーズとそっくりではないか。なるほど。

家に帰ると、まだかなりだるかったが、お湯を沸かし、さっそくフリーズドライのお粥を作った。お母さんはその様子を食い入るように見ていた。フリーズドライとはいえ、このお粥はかなりなクオリティーであった。それに梅干をおとしたのと、りんごをトレーで部屋に持ち込み、ベッドの上でいただいた。やはり、こんなときのお粥は、身にもココロにも染み入るものである。ありがたいありがたい。今まで、日本食に頼る旅は、あまりしたことがなかったが、こんなときのために、これからはお粥の

セットは旅のお供にするべきかもしれない、おのれの身はおのれで守らねばのう、ワシもそんな歳《とし》になったのじゃなー、と昔話の老人のように、シミジミしながら、お粥をズビズビ啜《すす》ったのであった。

おしんは今日もコメを研ぐ

朝の七時半頃に目が覚めた。熱を測ったら三十七度をまだ超えていた。しかし、昨日よりは遥かに楽だ。汗もかいたので、頑張ってシャワーを浴びる。着替えてリビングへ行ってみると、お母さんはワタシと朝食をとろうと待っていてくれた様子。一緒にテーブルに着いて、ワタシは命の綱であるフリーズドライのお粥を食べる。笑っても泣いてもこれが最後の一個だ。お腹はなんとなく、筋肉痛の名残のような鈍い痛さで、まだ普通の食事はできない感じ。さて、これからのゴハンはどうしたらよいものか……。

お母さんから、「サンドロから預かった」と、板チョコを渡された。サンドロは、昨日から友人たちと旅行に行っている。そのチョコレートは、サンドロの故郷、スイス製のものだった。今日はイースターということらしい。日本にはなじみがないが、なんでも西洋では、イースターの日に、大事な家族にチョコレートを贈るという習慣があるという。その形もウサギや卵といったものらしいのだが、ワタシのは板チョコ。急遽《きゅうきょ》用意したものに違いない。お父さんお母さんは、ウサギ形のチョコレートをもらっていた。意外とラブリーなところがあるサンドロではないか。新しい情報続々だ。

お天気はとても爽やかで、窓から見える海も静かだった。今日は休日だし、サトミの具合がよければ、ドライブでもどうだね、とお父さんが言ってくれたが、やはりまだだるいので、ありがたいがお断りした。そして、食後はまた眠った。

ふたたびお昼過ぎに目が覚めて、リビングに行くと、さっきと同じ場所にお父さんが座っていた。といってもたぶん、彼はいつものようにキッチンで立ったままの昼食を済ませて、そこに戻って来たに違いない。

「何か食べる?」

とお母さんが聞いてくれた。トーストくらいなら食べられそうかなーと思ったので、そう言うと、お父さん、お母さんは、ふたりして、『ガーン!』という表情で立ち尽くした。お父さんなんて、ガックリと膝《ひざ》をつきそうなくらいだ。どうやら最後の一枚を、さっき、お父さんがキッチンで食べてしまったらしいのだ。

「ごめんなさい。ほんとにごめんなさい」

と申し訳ながっていたが、どうか、そんなに落ち込まないで欲しい。お母さんは冷蔵庫を開けて、野菜をすりおろしたような緑色のスープを指差し、これはどうかしら、と言った。きっと、ワタシのために用意していてくれたものなのだろう。ワタシはそれと、野菜クラッカーを食べた。スープはちょっとカレー風味で美味しかった。お父さんは「サトミの食べている姿を見られて嬉しいよ」と言ってくれた。食後には、ギリシャやトルコやエジプトに行った時の写真を見せてくれたり、家中の壁のペンキはお父さんが塗ったと言って、サンドロの部屋まで見せてくれたりした。サンドロの部屋の大きな窓は、海に面していて、日当たりもよく、ワタシの部屋よりかなり広い。くそっ。

「次はこっちの広い部屋に泊まるといいよ」

とお父さんはウインクした。部屋に戻ると、ベッドのシーツなどが綺麗に換えられていた。ワタシが食事をしている間にお母さんが換えてくれたのだろう。新しいシーツが気持ちよい。ちょっと疲れたのでまた眠った。なんだか、寝てるか食べてるかしかしていない、すごく動物的な一日だ。

三時頃に目が覚めた。そろそろ晩ゴハンの心配をしなくてはならない。もうお粥は食べ尽くしてしまったし、キッチン内をいろいろ物色させてもらって、頭を使って食べ物を自分でアレンジするには、まだそれほど元気ではない。おまけにみなさん忘れておられると思うが、ワタシの右手には包帯が巻かれているのだ。あー、サバイバルだわー、っとブツブツ言いながらリビングへ行くと、お母さんが洗濯物をたたんでいた。

「あ、サトミ、晩ゴハンはどうする？　何がいいかしら」

そうそう、問題はそれなんですよねー。

「お米ならあるんだけどねー。日本のお米よ」

ガーン!!　な、なにぃー？　米があるぅ？　それも日本のぉ？　なになになにぃー。あるなら早く言ってちょんだいよーっ（由利徹調）。それじゃ、晩ゴハンはお粥に決定！

「え？　お粥？　日本のお粥って、米から作るの？」

おいおいおい、お母さん、なに寝ぼけたこと言ってるんだい。米も米さ。米は何でも治すのさ。ワタシは日本の米があると聞いて、俄然《がぜん》元気が出てきた。もう、何も心配はいらない。もう、米でも何でも、研いで研いで研ぎまくるだけだ（炊かなきゃだめだけどね）。そうだ。初日に買った大根があった。いつか大根料理を作ってあげなければと気になっていたが、今日こそまさにその日だ。お粥に大根を入れるのだ。わーいわーい大根粥だ。簡単だー。

ちょっとはしゃいだら疲れたので、また少し寝た。

目が覚めたらいい時間だ。そろそろ米を研がなければ。水を吸わせる時間を考えてちょっと早めにキッチンに立つ。すると、米を量るワタシの横にお母さんがやってきた。

「日本のお粥は食べたことがないの。もしよかったら三人分作ってくれないかしら」

あら、そうですか。三人分ですね。いいですともいいですとも。ワタシは突然にして三人分のお粥を、それも初めて日本のお粥を食べるヒトたちのために、それも不自由な手で、作ることになった。こうなったら怪我だ食中毒だといっても失敗は許されない。日本の粥の名誉のために！　気張って左手で研いでいたら、なんだかだるくなってきた。やる気はあってもカラダはまだ本調子ではないのだ。お母さんはソファでテレビを観ている。一方、ワタシは大根の皮を剝《む》いたり（右手が使えないのでピーラーを借りた)、さいの目に切ったりマメマメしく台所で働いている。そして、カラダが微熱で熱いのだ。ツラい。なんだか『おしん』の気分だった。まってろばっちゃん。いまつぐてけるがらな(まっててねおばあちゃん。いまつくってあげるからね)。

さて、こちらの準備は整ったが、いつまでたってもお母さんが晩ゴハンの支度を始めないので、もしかしたら、今晩はお粥のみのつもりではないのか、と不安になった。すっかり『おしん』な気分のワタシは、恐る恐る伺いをたててみた。

「あのー、おぐさま、今晩はほがになにがおづぐりになりますが。もすぃ、つぐられるならぁ、おがゆどいっしょにでぎあがったほうがいいど思うんだす」

テレビに夢中だったお母さんは、「オゥ」と我に返りやっとキッチンに立った。

お粥は、水分が少なめのもったりした出来だった。ワタシのイメージしていたものよりも、少々野暮ったい出来だ。やはり、ココロが野暮ったくなると、料理にまで影響してくるのだ。『おしん』のイメージでなく、『草刈民代』にしておけばよかった(お粥愛食者代表)。それでも味は、大根の風味が微妙に混じり合ってイイ感じである。

そしてテーブルには今晩の料理がすべて並べられた。

大根粥にビーフストロガノフに茹で野菜。ちょっと不思議な情景だ。ヤケクソに梅干も並べてみた。そしていつもと同じように、ひとり一枚の取り皿にすべての料理を盛っていくのだ。お粥の隣にビーフストロガノフ。歴史的な異文化の混じり合いだ。

初めて日本のお粥というものを口にしたふたりは、それぞれがシミジミと味わい、美味しい、と言ってくれた。梅干に関しては、お母さんは、かなり好きなタイプだと。お父さんは言葉を選んで、インドのピクルスよりイイ、と言った。

なんだか不思議な晩ゴハンだったが、よく考えたら、これがホームステイの最後の晩餐であった。

お粥を食べてますます回復の兆しが見えてきたワタシは、部屋に戻ってパッキングをした。そして、歯を磨いて顔を洗って、十時半にベッドに入った。

とてもあっさりした、最後の夜だった。熱はまだ三十七度あった。

別れの朝

朝の四時に目が覚めてしまった。

しかし、昨日は、冬眠中の熊のような生活をしていたわけだから、眠りは充分に足りているはずである。熱を測ったら、ようやく三十七度を下回っていた。今日は、九時半に、これからの宿泊先になる町の中心部のホテルに集合がかかっている。『ウィッシュ』のタナバタさんの運転で、アカロアという海辺の町にイルカでも見に行こうというわけだ。いよいよ今日から観光旅行が始まるのだ。ホテルまではふたたびお母さんが車で連れて行ってくれることになっていた。

朝ゴハンは、昨日のトースト事件（と言うほどでもないが）を気にしてか、お母さん自ら焼いたパンだった。恐縮です。最後の朝も、お母さんとふたりでテーブルに着いた。感傷的になるというよりも、無事に最後の日を迎えられてよかった、と少しホっとした気持もあった。お母さんは、とうとう最後まで何も飲まないようだ。感服。そしてお父さんの姿が見えない。ま、たぶんこの時間だったら、きっと、とっくにひとりでキッチンで朝食を済ませているに違いない。

陽射しは秋の気配で空も高く、静かな朝だった。

部屋に戻って忘れ物がないか確認して、最後にサンドロの歯磨きのコップに、チョコレートのお礼にと、シンデレラのボールペンを差しておいた。

荷物を車に積んだらいよいよこのご夫婦ともお別れである。お父さんと握手を交わし、車に乗り込もうとすると、お母さんが、「お友だちと食べてね」と庭のりんごと、お友だちの家で採れたというぶどうをたくさん持たせてくれた。

初めてのホームステイ先が、このご夫婦の家で本当によかった。ゴハンも美味しく、部屋も清潔。そしてなによりも微妙な繊細さが、ワタシのカユイところと非常にマッチしていた気がする。ワタシのほうは、いろいろ迷惑や心配をかけたと思うが、それでも、清く正しく善良なキウィ魂のおふたりは、本当に親切で愛情を持って接してくださったと感謝している。って、こういうことをこんなところで発表しても、当のふたりには伝わらないのでつまらないが、とにかく、そう思ったので、一応ここに記しておく。

そんなことを思いながら、車に乗り込んだら、またシートベルトが壊れていた。丸腰でのドライブはちょっと心配だったが、それよりも、いつまでも手を振るお父さんに応えて、ワタシもいつまでも後ろ向きの体勢のまま手を振りつづけた。こっちのほうが、シートベルトしてないより危ないってんだよ。

とにかく、こうしてワタシの初めてのホームステイは終わってしまった。

本当にあっというまに終わってしまいました。

観光旅行・アカロア編

到着したホテルの前で、お母さんとも握手で別れると、荷物をホテルに預けて（まだチェックインできない時間だったので）、ワタシはタナバタさんの車に乗り込んだ。ワタシと同じく、ホストファミリーに別れを告げて、心なしか晴れやかな面持ちの菊地さんもすでに乗車している。今日は、タナバタさんにソックリの小さな娘さんと、コリツネ氏、我が社長の総勢六名の大所帯。ワゴン車は満員状態だ。

車はどんどん郊外に向けて走った。あらためてクライストチャーチの町を車窓から見てみれば、やはり、のんびりとしてヒトも断然少なく、緑豊かな美しい町である。景色はどんどん町から遠ざかり、そうこうしているうちに、やっとワタシの思い描いていたニュージーランドの景色が目の前に広がってきた。道の両脇には広大な牧場がどこまでも続き、遠くのほうに羊たちの群が見えた。それでも、こっちに来る前に、日本でみんなが「羊はすごいよ」「羊だらけだよ」「羊でしょ」「羊ね」「羊か」「羊だ」「羊」「ひつじ」とあんまり言うもんだから、こんなもんじゃないだろう、という期待もまだある。まだ足りないな羊が。そして、馬。牛。どこまで行っても、どんな景色になっても、羊や馬や牛がセットになっている。窓から見る牛の尻は直角だ。馬はとても大事にされているようで、陽射しから守るためであろう、背中に毛布なんかかけてもらったりしている。どうも羊の存在感がイマイチだと思っていたら、なんと羊は保護色になっていて、地面の色と同化してよく認識できない、という事実が判明。これまでに見逃した羊の数はきっと馬や牛の数を遥かに超えていたに違いない。控えめなやつらだ。

どこまでも続いている牧場の風景から、軽くひと山越えるような山道になって、その山の裏側に出ると、眼下には青い海が現れた。その海のあたりこそ、目的の地、アカロアらしい。ここからの景色が綺麗だからと、タナバタさんは車を海の見える崖近くのカフェに止め、ワタシたちはちょっと休憩をとった。そのカフェには、ヒマラヤンらしき老猫と、下半身のしっかりした白い雄山羊がいた。そこから、美しい海と町の景色を眺めてコーヒーの一杯でも飲んだら、いよいよアカロアの町へと車は下っていった。

　海辺の小さな町アカロアに到着したのは、午前十一時半過ぎ。クライストチャーチから約一時間半強、といったところだ。

　小さな町とはいえ、週末で、しかもちょうどイースターホリデーの連休が重なってか、狭い通りはかなりな賑わいだった。どうやら、フリーマーケットがそこここで開催されているようだ。ヒトビトも楽しげで、その開放的な雰囲気は、ちょっとしたリゾートといった感じだった。ワタシたちの目的は『カンタベリーキャット』というフェリーに乗って、イルカを見るということだったので、まずフェリー乗り場にチケットを買いに行った。そのフェリーは、一時半のと、三時四十五分の一日二便。しかし、一時半はすでに満員。この人出では無理はない。帰りの時間を考えて、早い便に乗ろうとしたのだが、仕方ないので遅い便に予約を入れた。

　時間がたっぷりあるので、コリツネ氏一押しという『ドルフィンズカフェ』でランチ。洒落た店と聞いていたが、そこは、天井から船や浮や捕獲網などがぶら下がった、かなり漁師色が濃い店だった。大きなスピーカーまで網に捕獲されてぶら下がっている。そして、その店には、今まで見たこともないような、顔の長いウェイターさんがいた。本当に、ジっと見てはいけないくらい長かった。ワタシの人生で最長。馬場は見たことなかったけど、たぶんこれくらいだったのかもしれない。しかし、馬場はプロレスラー。彼はウェイターだ。病み上がりのワタシはそこでパスタを食べた。

食後は、通りの店を覗いてみたり、ちょっとしたお土産を買ったり（エビの形のボールペン、水に入れると六百倍に膨らむカエル、叶恭子さんの指輪のような二百五十円の指輪など）したが、どの店も観光客でひしめき合うこともなく、のんびりしていた。通りに面した建物もみんな二階建てで、青い空の面積が広い。

フリーマーケットでは、ろくでもない置物や、手作りの家具、みっちりと蜂たちがひしめき合うガラスの巣箱までディスプレイされてさまざまな種類の蜂蜜などが売られたりしていた。ワタシたちは蜂蜜屋さんの前で立ち止まり、またまたコリツネ氏一押しの『マヌカ』という種類の蜂蜜の説明を聞いていた。なんでも、マヌカというティートゥリーの一種の花からとれる蜂蜜で、数ある蜂蜜の中でも最も高級で、胃腸やらなんやらにとてもイイ、ということだった。へー、いいねー、買おうかねー、と話していると、その蜂蜜屋さんの前で、なんと、英語学校のクラスメイトにバッタリ会った。彼女は日本人で、友だち数人と、イースターホリデーを利用して、アカロアま

呪いのオブジェか？

で遊びに来たということだった。それにしても、教室で会うと、それなりにクラスメイト、というか、皆同じ志で集まっているからなんとなく同種類のニンゲン、と思えるが、こう、青空の下で会うと、明らかに違った世代のコという感じが浮き彫りにされて、戸惑ってしまう。それも、こっちとそっちのグループの平均年齢は、たぶん十歳くらい違うだろう。まあ、タナバタさんの娘さんを入れれば（八歳）逆転するかもしれないが。それじゃ、と別れて、別の店の前で品定めしていると、ふたたびさっきの若いクラスメイトの友人である男子がワタシたちのもとに息を切らして戻ってきた。どうしたのかと思ったら、

「写真を撮ってください」

という。たぶん、タイとか台湾とかの生徒だろう。ワタシは、彼らのグループの記念写真を撮って欲しいのかと思ってカメラを受け取ったら、彼は、何を思ったのか、菊地さんの横に並んだ。菊地さんも、なんだかわけがわからないようだったが、とりあえずならんで、ピース、とポーズを決め、ワタシはシャッターを切った。彼は、サンキューと言って、走り去った。ワタシたちは、いったい何がどうしたのか理解できなかったが、すぐに向こうのほうで爆笑がおきた。振り向いたら、その男子がグルー

プのみんなに笑われている。どうやら、彼は、その日本人の彼女に『あのヒトは、日本の女優さんよ』と聞いたらしく、だったらオレもひとつ記念に写真撮るか、と戻ってきたのだ。そして、ワタシたちのグループの中では菊地さんしか女優に見える女はいなかったのだろう。戻ってみたら、『あんた、誰と写真撮ってたの』とつっこまれたというおバカな顚末《てんまつ》だったわけだ。それにしても失敬な話だぜ。菊地も菊地だ（八つ当たり）。

そろそろ船の時間が近づいてきたので、ワタシたちは船着場のほうへ向かった。午前中は凪《な》いでいて静かな海だったが、午後になったら風が出てきた。これはマズイ。さっきの海とは別物になっているではないか。ワタシは何を隠そう、乗り物の中で船が一番嫌いだ。それもフェリーとかクルーザーとか、そういう類《たぐい》のもの。観光バスもいい勝負だ。絶対に一番前の席を狙《ねら》うね。とにかく、船酔いには何度も泣かされていた。できれば乗りたくなかったが、ここまで来て「実はそんなにイルカに興味がない」とも言えない。ワタシは緊張の面持ちで、港に戻ってくる『カンタベリーキャット』を見据え、ウィンドブレーカーのフードをかぶった。風が冷たい。

船着場のフェリーから下りてくる客たちの、無表情なのが不気味であった。楽しくなかったのか？　イルカを見たんじゃないのか？　それともみんな船酔いか？　とにかく、口もきかずにもくもくと下りてくるのだ。不安が募る。入れ替わりにワタシたちが乗り込んだ。さっそく風のあたる後ろの席をゲット。満員盛況だ。エンジン音も快調に出港したフェリーは、思ったより揺れも少なく、おっ、これならばいけるか、とちょっと自分の中に余裕が感じられた。しかし、そう思ったのもつかの間、浸食された崖などのポイントで、いちいちエンジンを切ってはガイドがマイクで説明を始めるのだ。そのたびにフェリーは上に下にと大きく揺れ、イルカを見て帰ろう。しかし、そのでもへべレケだ。もう、そんなのはいいから早くイルカを見て帰ろう。しかし、そのイルカがいない。イルカを求めてどんどん沖に出る。風が強く揺れも大きい。フェリーの動きには明らかに焦りが感じられた。あっち行ったりこっち戻ったり。もういいよ、こんな日もあるよ。しかし、『カンタベリーキャット』はしぶとかった。なにが何でも見せたる気迫だ。しかし、それでもイルカはいなかった。さすがにフェリーもあきらめたのか、船先を返したその時だ。

イルカだった。

だけど、ものすごいチョボい。チョボチョボと船と並んで泳ぐイルカに、さっきま

であきらめかけていたガイドたちは、

「それ見ろ!!　やっぱりいただろっ!」

と鬼の首でも取ったように得意げである。気のいいアシカも一匹現れて、船上はちょっと盛り上がった。よし、見た見た。さ、帰るぞ。

とりあえずイルカは見た、という満足感漂う船内は、リラックスしたムードだった。しかし、日も傾いてかなり寒い。フェリーも、イルカを探して思わず時間を食ってしまったと見えて、猛スピードで港へ向かっているようだ。それにしてもなかなか着かない。目的を達成してしまった客たちは退屈している。売店でジャンクフードを食べまくる同じ体型の家族。ババ抜きをしている中国人新婚カップル。何度もトイレにたつ和田アキ子似の女性。走り回る子供たち。こういう時のワタシは無の境地だ。ここで気を抜いたらまた辛いことになる。背中は決して背もたれにつけず、自分のカラダでバランスを取りつつ、余計なことを考えず、海を見ないで遠くを見る。もちろん無駄口はきかない。船の上のワタシはこの上なく退屈なニンゲンだ。

港に着いて、なぜ、客たちが無表情で下りてきたのかがわかった。イルカに会った、その余韻がまったく消えてから到着するのだ。みな、疲れているのだ。所要時間約二時間。これははっきり言って長いって。

帰りの車の中から見た、日の沈む牧場では、朝と同じように羊たちが草を食《は》んでいた。彼らは起きてから寝るまで食べつづけるのだそうだ。いったいどこで、どうやって眠るのだろう。

街灯のない道を延々飛ばして、急にラジオが入った時は感動した。そろそろ町が近づいてきたのだ。田舎もいいけど、町もホッとする。その夜は日本食レストランで和食を食べ、ホテルではたっぷりの湯を張った風呂に入った。ティッシュもお湯も使い放題だ。ゴミもばんばん捨てる。あの、慎ましやかなキウィの暮らしぶりはどこへいってしまったんだか……。ニンゲンってすぐに戻ってしまう生き物なのね。ごめんなさい、お母さん(ホストファミリーの)。

久し振りに傲慢《ごうまん》かましたホテル暮らしで、解放感を満喫したワタシは、ベッドの中でテレビを観たりしたが、さすがにすぐ眠くなり、あれよあれよというまに眠りに落ちた。明日も頑張ります。お母さん。ごめんなさい。お母さん……お母さ……zzz

z………。

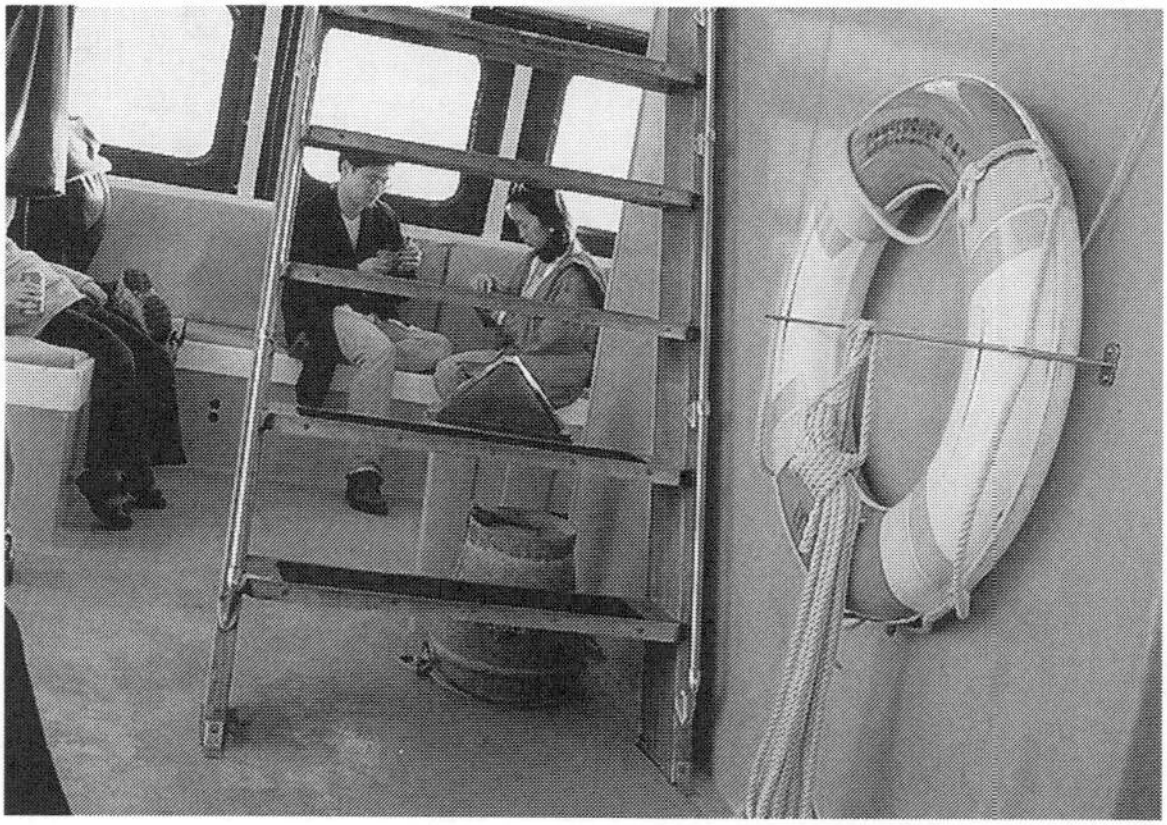

たそがれのフェリー。ふたりでババ抜き。

観光旅行・もりだくさん編

　朝はルームサービスでトーストとコーヒーの朝食。内容的にはホームステイ先の朝食と変わりないのだが、垢抜《あか》けたセッティングに緊張してか、コーヒーのポットを思いっきり倒してしまった。オレとしたことが情けないぜ。今日は『トランツアルパイン列車とジェットボート、農場訪問の一日』という、観光さんいらっしゃい的な正統派の観光バスツアーに参加することになっている。

　八時十二分ホテル出発。勿論席は一番前をゲット。ガイドは日本人のミチコさん、英語バージョンはドライバーもかねるショーンさん。いろんなホテルで総勢二十三名の参加者をピックアップして、バスはニュージーランドで一番大きなカンタベリー平野をまっすぐに走った。前方には、ジブリも真っ青の迫り来る南アルプスの山々。絶景とはこういうことを言うのだろう。天気もよく、山と空のコントラストが鮮やかで、まるで目の前に絵葉書をつるされて走っているようだ。

一時間半ほど行くと、小さな消防署の前でバスが止まり、そこでトイレを借りろと。その向かいの、腐ったバナナを売るカフェで小休憩の後、いよいよトランツアルパインという列車に乗るためにスプリングフィールド駅とやらにバスで移動した。移動といっても、腐ったバナナを売るカフェのすぐ裏だったが。その駅は単線で、空き地にぽつんと佇む風情であった。なんでもトランツアルパインは一日一往復しかないそうだ。

駅に到着した、モダンな列車に乗り込んだワタシたちは、車窓から息をのむような絶景を眺め続けた。とにかく行けども行けども絶景続き。切り立った厳しい山々。アイスクリームをボっと盛ったような山。抹茶がけの山。口からダーっと水をこぼしたようなワイマカリリ渓谷の渓流。雪景色。これでもかの大自然。いつもは曇って見えない山も、「今日はめずらしくはっきり見えます、ラッキーです」とガイドのミチコさん。こんな山のほうにまで羊は生息していて、列車が近づくと、いっせいにこちらにお尻を向けて逃げていくのが可愛い。陽射しをよけて大きな木陰の形にみっちり寄り添う姿も笑えた。まるで、石を持ち上げてみたら、みっちりとそこに虫がいた、みたいな（これは気持悪いな）。

しかし、ご馳走《ちそう》続きだと飽きてしまうように、あまりに絶景続きなもんだから、そのうちありがたみも薄れてきた。トランプを始めるまじめそうな少年と母、ビデオ撮影に余念がないシンプソンファミリー（全員短パン。見て寒い）。我が社長はいつのまにか深い眠りに。ワタシら観光グループの車両は気だるい雰囲気に包まれていた。

ただひとり、ガイドのミチコさんを捕まえて熱心に質問を浴びせ掛ける、ひとり旅の老人の甲高《かんだか》い声だけが車両に響いた。

「羊は何種類いるのっ？」

「あの山はなんてぇのっ？」

「この川はどこいくのっ？」

「あと何分でつくのっ？」

答えが聞き取りにくいのか、かならず、ミチコさんの答えのあとに「えっ？」「えっ？」というのがついた。本当に声が通る老人だ。ワタシと菊地さんは手持ち無沙汰《ぶさた》で、お母さんから渡されたぶどうや、腐ったバナナを売るカフェで買ったポテトチップスをつまみ続けていた。そうこうしているうちに、トランツアルパインもいよいよ

これを買えとぉ〜？　たまねぎ発芽してます。

クライマックスらしく、ミチコさんが、

「これから鉄橋を渡りまーす。それを越えたらトンネルが十五分くらい続きます」

「えっ？　何分？」

とすかさず声高《こわだか》老人。なんでも、この鉄橋は地上から七百メートルの高さにあって（「えっ？　何百メートル？」ｂｙ声高老人）、両脇の赤い柵は木製だそうだ。なんとなくクラシックな雰囲気である。

長ーいトンネルをぬけると、列車はオティラ駅に到着。そこで先回りしていたバスに乗り込んで（バスのほうが列車より早いのだ）、アーサー峠国立公園というところへ向かうらしい。正確には向かうというよりも通り過ぎる、ということだと思うのだが。

途中眺めのいいポイントで何度か写真停車があった。全員短パンのシンプソンファミリーは、そのたびに最高のビッグスマイルで撮影会が長引き、いつもバスに戻ってくるのが一番最後だ。ワタシの後ろの三人家族は、なぜかお母さんがいつも怒っていて、お父さんが写真を撮りすぎてフィルムがあと少ししかない、とさらに怒っていた。

窓の外は相変わらず絶景続きで、道路にはケモノがしょっちゅう轢《ひ》かれていた。ケ

大絶景攻め。目が寄ります。

モノの正体は「ポッサム」という動物だった。そういえばホームステイ先のキウィの置物はポッサムの毛でできていると言っていた。南無——。本当にしょっちゅう轢かれていいた。バス側も勿論だが、もうちょっとポッサム側も気を付けるとかなんとかならないものか。伝えていこうよ、バスの危なさを。

国立公園内の『シャレー』という山小屋風のレストランで、みんなでロールキャベツのような洋定食をとった後は、いよいよお楽しみのジェットボートだ。こういうボートは好きなのね。ニュージーランドがジェットボート発祥の地らしいので、本場のそれを是非体験したかったのだ。しかし、本場とはいえ、今日のメンバーを見ると、まさに老若男女。本場とはいえ、かなりぬるいものになりはしないか、と少し心配だった。どうせなら、ドッパーンと大飛沫《しぶき》がかかるくらい激しいのをひとつお願いしたいものだが……。

ジェットボート乗り場は、牧場の裏っ側みたいなところに忽然《こつぜん》とあった。そこには、すでにライフベストをつけたお兄さんたちが陽気な笑顔で我々を待ち受けていた。ここにきて、天気が怪しく、ときおりパラパラと雨が降ったりしている。寒いよー。さすがの短パンシンプソンファミリーも、膝掛けを借りて震え上がっている。ワタシたちにもライフベストが配られて、さっそくいくつかのボートに振り分けられた。そして、乗船する前に、桟橋でグループごとに記念写真を撮られた。これは観光によくある、乗った後にできてます、買うも買わないも自由ですとかいう写真だろう。なぜかワタシたちのグループだけ、二回撮られたが、一回目は失敗かなにかしたのだろうと思っておとなしく、ポーズを決めた。

そして、問題のジェットボートだ。期待していたスリルは、やはり味わえなかったことを報告しておこう。例によって一番前に乗ったので、後部座席ではどんな興奮が繰り広げられていたかは定かではないが、みんなは満足したのだろうか。三回くらいターンはしたが、カナダでラフティングの絶叫を経験したワタシには、悪いけど、屁だわね。ちょっと荒いモーターボートということなら楽しめたが。

乗り場に戻ると、それぞれがベストを返却し、再びバスに乗り込んだ。ミチコさんによると、先ほどの写真は、クライストチャーチのデューティーフリーで受け取ってください、とのことだった。

さて、次なるは最後のプログラム、農場訪問だ。そこで、牧羊犬の働きと、羊の毛刈りを見学することになっている。ワタシたちが訪れる農場は、ディーンズ農場。なんでもイギリスからの開拓団が来るずっと前にディーン兄弟が入植して造ったという、由緒ある農場だそうだ。なぜか今も昔も兄弟続き。男系家族なんだな。

バスはまず、歴史を感じさせるディーン弟のお宅の前に横付けし（観光バスもらくらく入れるポーチ）、リビングルームにみんなで上がり込んで、手作りクッキーと紅茶をいただいた。肌の色艶《いろつや》がよくちょっと小太りのディーン弟は、クッキーのお皿を手に笑顔炸裂《さくれつ》の大歓迎だ。茶とらの猫も、クッキーのおこぼれが目当てか愛嬌をふりまいている。クッキーを食べて紅茶を飲むだけ飲んだら、再びバスに乗り込んで、すぐ隣の農場へと移動した。

そこではさっきまでクッキーのお皿を手に笑顔で接客していたディーン弟がすでにスタンバっていた。彼の脇には牧羊犬のエラ（十歳）が片時もディーン弟から目を離さずに早く命令を出して欲しいという表情だ。柵の端っこのほうには、わけもわからずに連れてこられた羊が十四だか十一匹だか（一丸《いちがん》となっていてカウント不可能）が、右へ左へとモジモジしていた。ディーン弟がひとたび号令をかけると、エラは待ってましたと羊の群に突進。羊たちはびっくりして、あっち行ったりこっち行ったりだ。エラは吠えもせず、目で威嚇《いかく》しながら羊たちを追い詰める。羊たちにしたら、本当に迷惑な話だ。吠えるなら吠える、襲うなら襲うではっきりして欲しいところだろう。睨《にら》み付けられたまま追い詰められて、気分が悪いに違いない。確かにエラの働きが立派だったのは認めるが。

さて、お次は場所を納屋に移動して、いよいよ毛刈りを拝見。

一歩足を踏み入れたとたんに香る羊の体臭。ワタシたちがひな壇状の観客席に座らされると、間もなくディーン弟が本日のモデル羊を引っ張ってきた。ものすごい抵抗している。あのおとなしい羊が自分の意志を主張しているのだ。それだけでワタシは泣きそうになったね。そこに登場したのが、ランニング姿の痩せぎすの毛刈り職人。彼は一日に三百匹刈るそうだ。押さえつけられ、観念したらしい羊は、されるがままだ。毛刈り職人は、後ろから羊を抱えると、おもむろにバリカンを羊にあてた。なんのプランもないような『ひらめき派』的なバリカンさばきである。グワグワと毛が刈られ、羊がどんな体勢になっているのか今や確認できない状態だ。これがもし自分(羊)だとしたら、堪えられない屈辱である。みんなの前であられもない格好で全身丸刈りにされるのだ。そして、あっというまに体の形の毛皮が刈られた後、「これはあまり質がよくないから、絨毯とかになるんだ」とか言われちゃうの。すごい屈辱。

得意げなエラとわけもわからず逃げ惑う気の毒な羊たち。

上・ディーン弟に羽交い締めされる羊。
中・どんな体勢？　頭はどこ？
下・丸裸のでき上がり。ここにも得意げなエラが(後頭部)。

でも、羊の毛皮二枚も買っちゃったし。大事に使います……。そして、背中に痛々しいバリカン負けをおった羊は小雨降る牧場に放たれたのだった……。南無――（こればっか）。

毛刈りが行われた納屋の隣の部屋では、羊関係の敷物、下着、セーター、化粧品（羊の脂はいいらしい）などが、販売されていた。さすがに買う気にはならなかった。

無事に勤めを終えた達成感で、よりいっそう色艶がよくなってるディーン弟に見送られ、ワタシたちは農場を後にした。朝から盛りだくさんだった観光ツアーも、これで終了だ。バスは気だるい雰囲気でクライストチャーチに向かった。日はすっかり傾いて、小雨がちらついていた。

大聖堂前で解散して、部屋でシャワーを浴びた後、夕食へ出かけることにした。その前に、デューティーフリーに寄って、ジェットボートの写真でも見てみる？　ということになり、ちょろっと立ち寄ったデューティーフリーでワタシたちはおののいた。なんと、思いっきり外向けに、つまり通りすがりのみなさんにも見えるように、先ほどの写真が大きく伸ばされて、見事に陳列されているのである。おまけに、失敗していたと思ったワタシたち三人の写真は二枚とももものすごくバッチリ撮れていて、申し分ない。そして、なぜかワタシたちの写真だけが、何枚もあるのだ。人数分焼き増しするわけだから、単純計算で、スリーショットが六枚。全員集合が二十三枚かける三(三ポーズも集合写真を撮っていた！)だ。これが田舎の牧場の裏で売られていたなら無視できたろうが、ここは小さな町とはいえ都会。それも日本人観光客や留学生がウヨウヨいるのだ。そして、こんな派手な通りに、ワタシらのマヌケな写真が無防備に展示されているのである。自意識過剰かと思われる方もおられると思うが、ワタシも一応女優。このおメデタイ写真の数々を置き去りに食事に出かけられるものだろうか。ワタシたちは、悪いけど、写真を買い占めさせてもらった。十三枚。さすがに集合写真はみなさんも一枚くらいは欲しいだろうと思って、ワンポーズのみ残させてもらった。一枚十五ドルもした。とんでもない散財だ。

雨も激しくなってきたので、ワタシたちはタクシーを拾って、逃げ去るようにデューティーフリーを後にした。間一髪。そして、みなさんごめんなさい。

予約したレストランは、アダムス・ファミリーのお家《うち》のようなところだった。中世のお城風で石造り。流れる音楽はクラシック。調度品もアンティークだ。高台にあるので町を見下ろせるいいロケーションなのだが、なんだか、これ、マジでやってます？　とお店のヒトに聞きたくなるような雰囲気だ。料理もただ多く、そんなに美味しくもなかった。周りを見回すと、みんな日本人で、どのテーブルも同じような気持になっているのが伝わってきた。お店全体がネガティブな気に包まれている。お店のヒトたちの感じが悪くなかっただけに、本当にもったいない店だ。これは話を聞くだけでは伝わらないと思うので、みなさんも機会があったら様子を見てきて欲しい。『お店立て直しやります』みたいな番組が日本にあるが、是非ここにも足を運んでみてはいかがなものか（山本益博調）。

これが見せしめの2ポーズ。

最後の一日

朝は七時半起床。昨夜、バスルームに付いていたドラム型洗濯機で洗濯してみたが、延々時間がかかるので、終わりを見届けずに寝てしまった。明日にはもう日本に発つから、わざわざ洗濯などしなくてよかったのだが、ドラム型の洗濯機に興味があったので、是非使ってみたかったのだ。洗濯機のガラスのドアにはまだ水滴がついていた。八十分の乾燥時間でも足りないというのか。時間かかりすぎ。やはり洗濯機は日本製、乾燥機はガスに限る。再び乾燥をセットする。

窓の外はすごい嵐だ。菊地さんとコリツネ氏は、なんだか詳しいことはわからないが、飛行機の関係で、今日オークランドへ移動する予定になっている。そして、明日ワタシの乗る飛行機がオークランドを経由し、そこでみんな合流して、最終的には同じ便で成田に到着する予定だ。クライストチャーチはとてもいいところだったが、オークランドはどういう町なのだろう。そっちにも行ってみたかった。

シャワーを浴びて、ルームサービスで朝食を済ませたあと、昨日乗ったトランツアルパイン列車の写真の絵葉書で、ホストファミリーにお礼の手紙を書いた。

十時には、すっかり旅支度のコリツネ氏がホテルにやって来て、菊地さんと仲良くツーショットでタクシーに乗り込んだ。コリツネ氏のお勧めもほぼ終了だ。あとはみんなで無事成田に到着できればね。サヨーナラーっ！　元気でねー！　明日会うけどさー！

残されたワタシと社長は、ものすごい雨なので、午前中はどこにも出かけずそれぞれパッキングにあてることにした。それにしても二枚の羊の毛皮はかなりな分量だった。なんとかスーツケースには納めたが、これ以上の買い物は危険だ。

とりあえず十二時に集合して、ホテルを出る。たいして雨脚は弱まっていない。走って通りを渡り（小さい町だから、傘がなくても走れば何とかなりそうな気がしたもんで）、大聖堂を見学。さらに強まる雨。ワタシたちは昼ゴハンでも食べながら雨宿りをすることにした。

走り込んだ韓国料理の店は、想像以上に美味しかった。昨日まで自称病み上がりだったワタシは、この日完全復活を果たした。それぞれ、ラム焼き定食とうどんを注文。もちろんワタシがラム焼き。キムチとモヤシナムルにはご飯と味噌汁までついてきてしまった。完食。

食後は、雨も小降りになってきたので、屋根のある通りを選んで歩くと、OKギフトショップが現れた。そう、大橋巨泉の店だ。ここにもあったかOKギフトショップ。しかし、さすが巨泉、日本人の欲しがる品をきちんと押さえている。さすがの品揃えだ。土産はもう買うまいと思いながらも、なんとなく店内をうろうろしていると、マネージャーらしき男性が近寄ってきて、ワタシにイエローカードを渡した。これは、いったい？　買うつもりもないのにウロウロしていたワタシに対する注意か。そこまで見破られているのか。しかし、それは割引券だった。オーナーと同業者（？　僭越《せんえつ》ながら）であるワタシへの心遣いだったらしいのだ。恐縮です。すみません。巨泉と呼び捨てにしてごめんなさい。イエローカードを貰《もら》ったからというわけではないが（ちょっとはそうだけど）、ワタシはOKギフトショップで両親と義母、義祖母へのお土産を買った、それから巨泉がぶら下がってる携帯ストラップも。しかしこれは誰にあげたらいいんだろう……やはりオットか。

恐ろしいことに、ＯＫギフトショップで買い物熱に火がついたワタシは、何を考えたんだか、嵐の中、若者に人気のおしゃれショップが集まる界隈まで足を延ばし（といってもすぐ近く）ジーンズやＴシャツを買い（日本でも買えるだろ）本屋でも何冊も本を買い込んでしまった（日本でも買えるだろ・２）。ま、これも、今までの質素アンドカントリーな生活から大都会へ戻るための、軽いリハビリと思えば、許される範囲だろう。

しかし、そんなことが許されたとしても、許されないのがワタシのスーツケースの許容量だった。崩壊寸前。結局、羊さんたちはスーツケースから出され、貧乏ったらしいビニールの袋に納められる顚末になってしまったのだった。なんだか、最後まで気の毒な羊さんたちだ。これからは羊さんを、今まで以上に大事に思う決心をした。

最後の晩ゴハンは高級ホテルの日本食レストランでいただくことにした。ふたりで食べきれないほど注文したのだが、たったの六千円ぽっちだった。びっくり。

ホテルに戻って、風呂に入り、ベッドの上でゴロゴロしながらテレビを観た。エリザベス女王のお母様が亡くなられたというニュースを延々やっていた。裏番組はエライ派手なおばさんの仕切っている料理番組だった。料理番組のほうを観ていたら、とんだ忘れ物に気が付いた。

乾燥機の中にまだ洗濯物が残っているではないか。もう、いくらなんでも乾いているだろうが、それにしてもいったいこのスーツケースのどこに入れろというんだ。え？　どうしてくれるんだ。え？　っと自分で自分を責めながら、スーツケースの上で必死にジャンプするワタシであった。

豹柄のノースリーブがキマってます。ちょっと落ち着いて。

あとがき

さて、こうして、短いながらも長年の夢であったホームステイが実現した。

留学というにはあまりにも短すぎて、『見学』というのがピッタリな気もしないではないが、とにかく、刺激的な経験だった。そして、初めてのホームステイが清く正しく美しいニュージーランドという国だったのは、幸運であったと思う。

バスのツアーで一緒だった五十二歳の女性は、ひとりで二週間のホームステイと語学学校のプログラムに参加していると話していた。ワタシの場合だったら毎年一回ずつとしても、五十二歳まであと十五回も参加できるのだ。これはいい話を聞いた。これからも機会をつくってまた、是非、やってみたいと思っている。

一時はいい調子でアメリカのアカデミー賞まで理解していたワタシだが、日本に帰ってからはすっかり倭人《わじん》に戻り、米を食べて茶を飲んで過ごしている。しかし、茶を啜りながらも次なるホームステイ先を、こっそり物色し、計画を企てているので侮《あなど》ってはいけない。

『ウィッシュ・インターナショナル』のみなさんのおかげで、楽しい経験ができました。どうもありがとうございました。幻冬舎の菊地さん、アナタには負けなくてよ。

二〇〇二年七月　　小林聡美

この作品は書き下ろしです。原稿枚数182枚（400字詰め）。

協力　ウィッシュ・インターナショナル

幻冬舎文庫

●好評既刊
小林聡美
ほげらばり〜メキシコ旅行記

気軽な気持ちで出掛けたメキシコ初旅行。しかし、待っていたのは修業のような苛酷な16日間……。体力と気力の限界に挑戦した旅を描いた、書くは涙、読むは爆笑の、傑作紀行エッセイ。

●好評既刊
小林聡美
凜々乙女

「人間は思い込みだ」と胸に秘め、つつましくもドタバタな毎日を駆け抜ける——。パスポート紛失事件、男性ヌード・ショウ初体験etc.カラッと明るく、元気が出てくるエッセイ集。

●好評既刊
小林聡美
東京100発ガール

酸いも甘いもかみ分けた、立派な大人、のはずの三十歳だけど、なぜか笑えることが続出。彼の誕生日に花ドロボーになり、新品のスニーカーで犬のウンコを踏みしだく……。独身最後の気ままな日々。

●好評既刊
小林聡美
案じるより団子汁

「いいの？　こんなんで」。謎のベールに包まれた個性派女優の私生活をここに初公開!?　自称口べたなのにもう誰にも止められない、抱腹絶倒の早口喋りが一冊に。群ようこ氏らとの対談も収録。

●好評既刊
小林聡美
マダム小林の優雅な生活

結婚生活も三年目に突入したマダム小林。家事全般をひきうけながらも、一歩外に出れば女優という職業婦人である。そんなマダム小林の日常は、慎ましやかだけど、なぜだか笑える事件続出！

キウィおこぼれ留学記《りゅうがくき》

小林聡美《こばやしさとみ》

平成14年10月25日　初版発行
平成20年10月15日　7版発行

発行者―――見城　徹
発行所―――株式会社幻冬舎
〒151-0051東京都渋谷区千駄ヶ谷4-9-7
電話　03(5411)6222(営業)
　　　03(5411)6211(編集)
　　　振替00120-8-767643
印刷・製本―図書印刷株式会社
装丁者―――高橋雅之

幻冬舎文庫

ISBN4-344-40282-0　C0195　こ-1-6